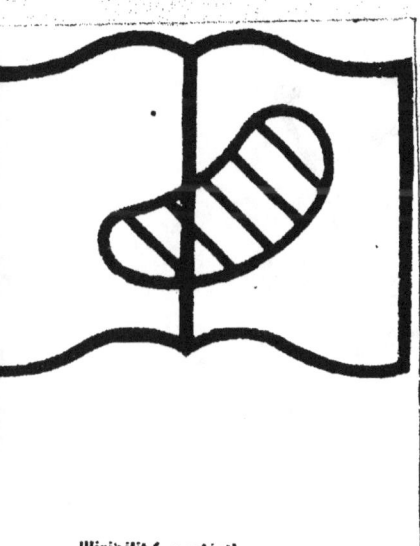
Illisibilité partielle

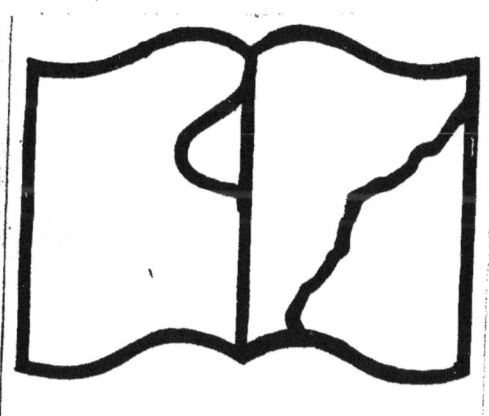
Texte détérioré — reliure défectueuse
NF Z 43-120-11

VALABLE POUR TOUT OU PARTIE DU DOCUMENT REPRODUIT

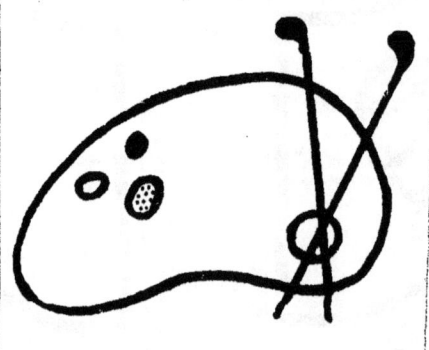
Couvertures supérieure et inférieure en couleur

COUVERTURES SUPERIEURE ET INFERIEURE D'IMPRIMEUR.

4

COLLECTION MICHEL LÉVY

ŒUVRES COMPLÈTES

D'ALEXANDRE DUMAS

EMMA LYONNA

IV

ŒUVRES COMPLÈTES D'ALEXANDRE DUMAS

PUBLIÉES DANS LA COLLECTION MICHEL LÉVY

- Acté.............. 1
- Amaury............ 1
- Ange Pitou........ 2
- Ascanio........... 2
- Une Aventure d'amour. 1
- Aventures de John Davys 2
- Les Baleiniers.... 2
- Le Bâtard de Mauléon. 3
- Black............. 1
- Les Blancs et les Bleus. 3
- La Bouillie de la comtesse Berthe...... 1
- La Boule de neige... 1
- Bric-à-Brac........ 2
- Un Cadet de famille.. 3
- Le Capitaine Pamphile. 1
- Le Capitaine Paul.... 1
- Le Capitaine Rhino... 1
- Le Capitaine Richard. 1
- Catherine Blum..... 1
- Causeries.......... 2
- Cécile............. 1
- Charles le Téméraire. 2
- Le Chasseur de sauvagine.............. 1
- Le Château d'Eppstein. 2
- Le Chev. d'Harmental. 2
- Le Chevalier de Maison-Rouge............. 2
- Le Collier de la reine.. 3
- La Colombe........ 1
- Les Compagnons de Jéhu.............. 3
- Le Comte de Monte-Cristo............. 6
- La Comtesse de Charny. 6
- La Comtesse de Salisbury.............. 2
- Les Confessions de la marquise......... 2
- Conscience l'innocent. 2
- Création et rédemption:
  - Le Docteur mystérieux.............. 2
  - La Fille du marquis 2
- La Dame de Monsoreau 3
- La Dame de Volupté.. 2
- Les Deux Diane..... 3
- Les Deux Reines.... 2
- Dieu dispose....... 2
- Les Drames galants — La Marquise d'Escoman............. 2
- Le Drame de Quatre-Vingt-Treize....... 2
- Les Drames de la mer. 1
- Emma Lyonna....... 5
- La Femme au collier de velours........ 1
- Fernande.......... 1
- Une Fille du régent... 1
- Filles, Lorettes et Courtisanes....... 1
- Le Fils du forçat.... 1
- Les Frères corses... 1
- Gabriel Lambert.... 1
- Les Garibaldiens... 1
- Gaule et France.... 1
- Georges........... 1
- Gil Blas en Californie. 1
- Les Grands Hommes en robe de chambre:
  - César............. 2
  - Henri IV, Richelieu, Louis XIII........ 2
- La Guerre des femmes. 2
- Histoire d'un casse-noisette........... 1
- L'Homme aux Contes. 1
- Les Hommes de fer... 1
- L'Horoscope....... 1
- L'Ile de feu........ 2
- Impressions de voyage :
  - Une année à Florence............. 1
  - L'Arabie Heureuse 3
  - Les bords du Rhin. 1
  - Le Capitaine Arena 1
  - Le Caucase....... 3
  - Le Corricolo..... 2
  - Le Midi de la France........... 1
  - De Paris à Cadix. 2
  - Quinze jours au Sinaï............ 2
  - En Russie........ 4
  - En Suisse........ 3
  - Le Speronare..... 1
  - La Villa Palmieri. 1
  - Le Véloce........ 2
- Ingénue........... 2
- Isabel de Bavière... 2
- Italiens et Flamands.. 2
- Ivanhoe de Walter Scott (trad)........ 2
- Jacques Ortis...... 1
- Jacquot sans Oreilles. 1
- Jane.............. 1
- Jehane la Pucelle... 1
- Louis XIV et son Siècle. 4
- Louis XV et sa Cour.. 2
- Louis XVI et la Révolution............ 2
- Les Louves de Machecoul.............. 3
- Madame de Chamblay. 2
- La Maison de glace.. 2
- Le Maître d'armes... 1
- Les Mariages du père Olifus............ 1
- Les Médicis....... 1
- Mes Mémoires..... 10
- Mémoires de Garibaldi. 2
- Mémoires d'une aveugle 2
- Mém. d'un médecin : J. Balsamo........ 5
- Le Meneur de loups.. 1
- Les Mille et un Fantômes............ 1
- Les Mohicans de Paris. 4
- Les Morts vont vite... 2
- Napoléon......... 1
- Une Nuit à Florence.. 1
- Olympe de Clèves... 3
- Le Page du duc de Savoie.............. 1
- Parisiens et Provinciaux 2
- Le Pasteur d'Ashbourn. 2
- Pauline et Pascal Bruno 1
- Un Pays inconnu.... 1
- Le Père Gigogne.... 2
- Le Père la Ruine.... 1
- Le Prince des Voleurs. 2
- La Princesse de Monaco 2
- La Princesse Flora... 1
- Les Quarante-Cinq.. 8
- La Régence........ 1
- La Reine Margot.... 2
- Robin Hood le proscrit. 2
- La Route de Varennes. 1
- Le Saltéador...... 1
- Salvator (suite et fin des Mohicans de Paris). 5
- La San-Felice...... 4
- Souvenirs d'Antony.. 1
- Les Stuarts........ 1
- Sultanetta......... 1
- Sylvandire......... 1
- La Terreur prussienne. 2
- Le Testament de M. Chauvelin......... 1
- Théâtre Complet.... 25
- Trois Maîtres..... 1
- Les Trois Mousquetaires........... 2
- Le Trou de l'Enfer.. 1
- La Tulipe noire.... 1
- Le Vte de Bragelonne. 6
- La Vie au désert... 1
- Une Vie d'artiste... 1
- Vingt ans après.... 3

Poissy. — Typ. S. Lejay et Cie.

EMMA LYONNA

PAR

ALEXANDRE DUMAS

IV

PARIS
CALMANN LÉVY, ÉDITEUR
ANCIENNE MAISON MICHEL LÉVY FRÈRES
RUE AUBER, 3, ET BOULEVARD DES ITALIENS, 15
A LA LIBRAIRIE NOUVELLE

—

1876

Droits de reproduction et de traduction réservés

EMMA LYONNA

LXIV

LA JOURNÉE DU 13 JUIN

Sans doute, des ordres avaient été donnés d'avance pour que ces trois coups de canon fussent un double signal.

Car à peine le grondement du dernier se fut éteint, que les deux prisonniers du Château-Neuf, qui avaient été condamnés la surveille, entendirent, dans le corridor qui conduisait à leur cachot, les pas pressés d'une troupe d'hommes armés.

Sans dire une parole, ils se jetèrent dans les bras l'un de l'autre, comprenant que leur dernière heure était arrivée.

Ceux qui ouvrirent la porte les trouvèrent embrassés, mais résignés et souriants.

— Êtes-vous prêts, citoyens? demanda l'officier qui commandait l'escorte, et à qui les plus grands égards avaient été recommandés pour les condamnés. Tous deux répondirent : « Oui, » en même temps, André avec la voix, Simon par un signe de tête.

— Alors, suivez-nous, dit l'officier.

Les deux condamnés jetèrent sur leur prison ce dernier regard que jette, mêlé de regrets et de tendresse, sur son cachot celui que l'on conduit à la mort, et, par ce besoin qu'a l'homme de laisser quelque chose après lui, André, avec un clou, grava sur la muraille son nom et celui de son père.

Les deux noms furent gravés au-dessus du lit de chacun.

Puis il suivit les soldats, au milieu desquels son père était déjà allé prendre place.

Une femme vêtue de noir les attendait dans la cour qu'ils avaient à traverser. Elle s'avança d'un pas ferme au-devant d'eux; André jeta un cri et tout son corps trembla.

— La chevalière San-Felice! s'écria-t-il.

Luisa s'agenouilla.

— Pourquoi à genoux, madame, quand vous

n'avez à demander pardon à personne? dit André. Nous savons tout : le véritable coupable s'est dénoncé lui-même. Mais rendez-moi cette justice qu'avant que j'eusse reçu la lettre de Michele, vous aviez déjà la mienne.

Luisa sanglotait.

— Mon frère! murmura-t-elle.

— Merci! dit André. Mon père, bénissez votre fille.

Le vieillard s'approcha de Luisa et lui mit la main sur la tête.

— Puisse Dieu te bénir comme je te bénis, mon enfant, et écarter de ton front jusqu'à l'ombre du malheur!

Luisa laissa tomber sa tête sur ses genoux et éclata en sanglots.

Le jeune Backer prit une longue boucle de ses cheveux blonds flottants, la porta à ses lèvres et la baisa avidement.

— Citoyens! murmura l'officier.

— Nous voici, monsieur, dit André.

Au bruit des pas qui s'éloignaient, Luisa releva la tête, et, toujours à genoux, les bras tendus, les suivit des yeux jusqu'à ce qu'ils eussent disparu à l'angle de l'arc de triomphe aragonais.

Si quelque chose pouvait ajouter à la tristesse de

cette marche funèbre, c'étaient la solitude et le silence des rues que les condamnés traversaient, et pourtant ces rues étaient les plus populeuses de Naples.

De temps en temps, cependant, au bruit des pas d'une troupe armée, une porte s'entre-bâillait, une fenêtre s'ouvrait, on voyait une tête craintive, de femme presque toujours, passer par l'ouverture, puis la porte ou la fenêtre se refermait plus rapidement encore qu'elle ne s'était ouverte : on avait vu deux hommes désarmés au milieu d'une troupe d'hommes armés, et l'on devinait que ces deux hommes marchaient à la mort.

Ils traversèrent ainsi Naples dans toute sa longueur et débouchèrent sur le Marché-Vieux, place ordinaire des exécutions.

— C'est ici, mumura André Backer.

Le vieux Backer regarda autour de lui.

— Probablement, murmura-t-il.

Cependant, on dépassa le Marché.

— Où vont-ils donc? demanda Simon en allemand.

— Ils cherchent probablement une place plus commode que celle-ci, répondit André dans la même langue : ils ont besoin d'un mur, et, ici, il n'y a que des maisons.

En arrivant sur la petite place de l'église del Carmine, André Backer toucha du coude le bras de Simon et lui montra des yeux, en face de la maison du curé desservant l'église, un mur en retour sans aucune ouverture.

C'est celui contre lequel est élevé aujourd'hui un grand crucifix.

— Oui, répondit Simon.

En effet, l'officier qui dirigeait la petite troupe s'achemina de ce côté.

Les deux condamnés pressèrent le pas, et, sortant des rangs, allèrent se placer contre la muraille.

— Qui des deux mourra le premier? demanda l'officier.

— Moi! s'écria le vieux.

— Monsieur, demanda André, avez-vous des ordres positifs pour nous fusiller l'un après l'autre?

— Non, citoyen, répondit l'officier, je n'ai reçu aucune instruction à cet égard.

— Eh bien, alors, si cela vous était égal, nous vous demanderions la grâce d'être fusillés ensemble et en même temps.

— Oui, oui, dirent cinq ou six voix dans l'escorte, nous pouvons bien faire cela pour eux.

— Vous l'entendez, citoyen, dit l'officier chargé de cette triste mission, je ferai tout ce que je pourrai pour adoucir vos derniers moments.

— Ils nous accordent cela ! s'écria joyeusement le vieux Backer.

— Oui, mon père, dit André en jetant son bras au cou de Simon. Ne faisons point attendre ces messieurs, qui sont si bons pour nous.

— Avez-vous quelque dernière grâce à demander, quelques recommandations à faire? demanda l'officier.

— Aucune, répondirent les deux condamnés.

— Allons donc, puisqu'il le faut, murmura l'officier ; mais, sang du Christ ! on nous fait faire là un vilain métier !

Pendant ce temps, les deux condamnés, André tenant toujours son bras jeté autour du cou de son père, étaient allés s'adosser à la muraille.

— Sommes-nous bien ainsi, messieurs? demanda le jeune Backer.

L'officier fit un signe affirmatif.

Puis, se retournant vers ses hommes :

— Les fusils sont chargés ? demanda-t-il.

— Oui.

— Eh bien, à vos rangs ! Faites vite et tâchez qu'ils ne souffrent pas : c'est le seul service que nous puissions leur rendre.

— Merci, monsieur, dit André.

Ce qui se passa alors fut rapide comme la pensée.

On entendit se succéder les commandements de
« Apprêtez armes ! — En joue ! — Feu ! »

Puis une détonation se fit entendre.

Tout était fini !

Les républicains de Naples, entraînés par l'exemple de ceux de Paris, venaient de commettre une de ces actions sanglantes auxquelles la fièvre de la guerre civile entraine les meilleures natures et les causes les plus saintes. Sous prétexte d'enlever aux citoyens toute espérance de pardon, aux combattants toute chance de salut, ils venaient de faire passer un ruisseau de sang entre eux et la clémence royale ; — cruauté inutile qui n'avait pas même l'excuse de la nécessité.

Il est vrai que ce furent les seules victimes. Mais elles suffirent pour marquer d'une tache de sang le manteau immaculé de République.

Au moment même où les deux Backer, frappés des mêmes coups, tombaient enlacés aux bras l'un de l'autre, Bassetti allait prendre le commandement des troupes de Capodichino, Manthonnet celui des troupes de Capodimonte, et Writz celui des troupes de la Madeleine.

Si les rues étaient désertes, en échange toutes les murailles des forts, toutes les terrasses des maisons étaient couvertes de spectateurs qui, à l'œil nu ou la lunette à la main, cherchaient à voir ce qui allait se passer sur cet immense champ de bataille qui s'étendait du Granatello à Capodimonte.

On voyait sur la mer, s'allongeant de Torre-del-Annonciata au pont de la Madeleine, toute la petite flottille de l'amiral Caracciolo, que dominaient les deux vaisseaux ennemis, *la Minerve*, commandée par le comte de Thurn, et le *Sea-Horse*, commandé par le capitaine Ball, que nous avons vu accompagner Nelson à cette fameuse soirée où chaque dame de la cour avait fait son vers, et où tous ces vers réunis avaient composé l'acrostiche de CAROLINA.

Les premiers coups de fusil qui se firent entendre, la première fumée que l'on vit s'élever, fut en avant du petit fort du Granatello.

Soit que Tchudy et Sciarpa n'eussent point reçu les ordres du cardinal, soit qu'ils eussent mis de la lenteur à les exécuter, Panedigrano et ses mille forçats se trouvèrent seuls au rendez-vous, et n'en marchèrent pas moins hardiment vers le fort. Il est vrai qu'en les voyant s'avancer, les deux frégates commencèrent, pour les soutenir, leur feu contre le Granatello.

Salvato demanda cinq cents hommes de bonne volonté, se rua à la baïonnette sur cette trombe de brigands, les enfonça, les dispersa, leur tua une centaine d'hommes et rentra au fort avec quelques-uns des siens seulement hors de combat; encore avaient-ils été atteints par les projectiles lancés des deux bâtiments.

En arrivant à Somma, le cardinal fut averti de cet échec.

Mais de Cesare avait été plus heureux. Il avait ponctuellement suivi les ordres du cardinal; seulement, apprenant que le château de Portici était mal gardé et que la population était pour le cardinal, il attaqua Portici et se rendit maître du château. Ce poste était plus important que celui de Resina, fermant mieux la route.

Il fit parvenir la nouvelle de son succès au cardinal en lui demandant de nouveaux ordres.

Le cardinal lui ordonna de se fortifier du mieux qu'il lui serait possible, pour couper toute retraite à Schipani, et lui envoya mille hommes pour l'y aider.

C'était ce que craignait Salvato. Du haut du petit fort du Granatello, il avait vu une troupe considérable, contournant la base du Vésuve, s'avancer vers Portici; il avait entendu des coups de fusil, et, après une courte lutte, la mousquetade avait cessé.

Il était clair pour lui que la route de Naples était coupée, et il insistait fortement pour que Schipani, sans perdre un instant, marchât vers Naples, forçât l'obstacle et revînt avec ses quinze cents ou deux mille hommes, protégés par le fort de Vigliana, défendre les approches du pont de la Madeleine.

Mais, mal renseigné, Schipani s'obstinait à voir arriver l'ennemi par la route de Sorrente.

Une vive canonnade, qui se faisait entendre du côté du pont de la Madeleine, indiquait que le cardinal attaquait Naples de ce côté.

Si Naples tenait quarante-huit heures, et si les républicains faisaient un suprême effort, on pouvait tirer parti de la position où s'était mis le cardinal, et, au lieu que ce fût Schipani qui fût coupé, c'était le cardinal qui se trouvait entre deux feux.

Seulement, il fallait qu'un homme de courage, de volonté et d'intelligence, capable de surmonter tous les obstacles, retournât à Naples et pesât sur la délibération des chefs.

La position était embarrassante. Comme Dante, Salvato pouvait dire : « Si je reste, qui ira? Si je vais, qui restera? »

Il se décida à partir, recommandant à Schipani de ne pas sortir de ses retranchements qu'il n'eût reçu de Naples un ordre positif qui lui indiquât ce qu'il avait à faire.

Puis, toujours suivi du fidèle Michele, qui lui faisait observer qu'inutile en rase campagne, il pourrait être fort utile dans les rues de Naples, il sauta dans une barque, se dirigea droit sur la flottille de Caracciolo, se fit reconnaître de l'amiral, auquel il communiqua son plan et qui l'approuva, passa à travers la flottille, qui couvrait la mer d'une nappe de feu et le rivage d'une pluie de boulets et de grenades, rama droit sur le Château-Neuf, et aborda dans l'anse du môle.

Il n'y avait pas un instant à perdre, ni d'un côté ni de l'autre. Salvato et Michele s'embrassèrent. Michele courut au Marché-Vieux et Salvato au Château-Neuf, où se tenait le conseil.

Esclave de son devoir, il monta droit à la chambre où il savait trouver le directoire et exposa son plan aux directeurs, qui l'approuvèrent.

Mais on connaissait Schipani pour une tête de fer. On savait qu'il ne recevrait d'ordres que de Writz ou de Bassetti, ses deux chefs. On renvoya Salvato à Writz, qui combattait au pont de la Madeleine.

Salvato s'arrêta un instant chez Luisa, qu'il trouva mourante et à laquelle il rendit la vie comme un rayon de soleil rend la chaleur. Il lui promit de la revoir avant de retourner au combat, et, s'élançant sur un cheval neuf qu'il avait ordonné pendant ce temps, il suivit au grand galop le quai qui conduit au pont de la Madeleine.

C'était le fort du combat. Le petit fleuve du Sebeto séparait les combattants. Deux cents hommes jetés dans l'immense bâtiment des Granili faisaient feu par toutes les fenêtres.

Le cardinal était là, bien reconnaissable à son manteau de pourpre, donnant ses ordres au milieu du feu et affirmant dans l'esprit de ses hommes qu'il était invulnérable aux balles qui sifflaient à ses oreilles, et que les grenades qui venaient éclater entre les jambes de son cheval ne pouvaient rien sur lui.

Aussi, fiers de mourir sous les yeux d'un pareil chef ; sûrs, en mourant, de voir s'ouvrir à deux battants pour eux les portes du paradis, les sanfédistes, toujours repoussés, revenaient-ils sans cesse à la charge avec une nouvelle ardeur.

Du côté des patriotes, le général Writz était aussi facile à voir que, du côté des sanfédistes, le cardinal. A cheval comme lui, il parcourait les rangs, excitant les républicains à la défense comme le cardinal, lui, excitait à l'attaque.

Salvato le vit de loin et piqua droit à lui. Le jeune général semblait être tellement habitué au bruit des balles, qu'il n'y faisait pas plus attention qu'au sifflement du vent.

Si pressés que fussent les rangs des républicains, ils s'écartèrent devant lui : on reconnaissait un officier supérieur, alors même que l'on ne reconnaissait pas Salvato.

Les deux généraux se joignirent au milieu du feu.

Salvato exposa à Writz le but de sa course. Il tenait l'ordre tout prêt : il le fit lire à Writz, qui l'approuva. Seulement, la signature manquait.

Salvato sauta à bas de son cheval, qu'il donna à tenir à l'un de ses Calabrais, qu'il reconnut dans la mêlée, et alla dans une maison voisine, qui servait d'ambulance, chercher une plume toute trempée d'encre.

Puis il revint à Writz et lui remit la plume.

Writz s'apprêta à signer l'ordre sur l'arçon de sa selle.

Profitant de ce moment d'immobilité, un capitaine sanfédiste prit aux mains d'un Calabrais son fusil, ajusta le général et fit feu.

Salvato entendit un bruit mat suivi d'un soupir. Writz se pencha de son côté et tomba dans ses bras.

Aussitôt, ce cri retentit :

— Le général est mort ! le général est mort !

— Blessé ! blessé seulement ! cria à son tour Salvato, et nous allons le venger !

Et, sautant sur le cheval de Writz :

— Chargeons cette canaille, dit-il, et vous la verrez se disperser comme de la poussière au vent.

Et, sans s'inquiéter s'il était suivi, il s'élança sur le pont de la Madeleine, accompagné de trois ou quatre cavaliers seulement.

Une décharge d'une vingtaine de coups de fusil tua deux de ses hommes et cassa la cuisse à son cheval, qui s'abattit sous lui.

Il tomba, mais, avec son sang-froid ordinaire, les jambes écartées pour ne pas être engagé sous sa monture, et les deux mains sur ses fontes, qui étaient heureusement garnies de leurs pistolets.

Les sanfédistes se ruèrent sur lui. Deux coups de pistolet tuèrent deux hommes ; puis, de son sabre, qu'il tenait entre ses dents et qu'il y reprit après avoir jeté loin de lui ses pistolets devenus inutiles, il en blessa un troisième.

En ce moment, on entendit comme un tremblement de terre, le sol trembla sous les pieds des chevaux. C'était Nicolino, qui, ayant appris le danger que courait Salvato, chargeait, à la tête de ses hussards, pour le secourir ou le délivrer.

Les hussards tenaient toute la largeur du pont.

Après avoir failli être poignardé par les baïonnettes sanfédistes, Salvato allait être écrasé sous les pieds des chevaux patriotes.

Dégagé de ceux qui l'entouraient par l'approche de Nicolino, mais risquant, comme nous l'avons dit, d'être foulé aux pieds, il enjamba le pont et sauta par-dessus.

Le pont était dégagé, l'ennemi repoussé; l'effet moral de la mort de Writz était combattu par un avantage matériel. Salvato traversa le Sebeto et se retrouva au milieu des rangs des républicains.

On avait porté Writz à l'ambulance, Salvato y courut. S'il lui restait assez de force pour signer, il signerait; tant qu'un souffle de vie palpitait encore dans la poitrine du général en chef, ses ordres devaient être exécutés.

Writz n'était pas mort, il n'était qu'évanoui.

Salvato récrivit l'ordre qui avait échappé avec la plume à la main mourante du général, se mit en quête de son cheval, qu'il retrouva, et, en recommandant une défense acharnée, il repartit à fond de train pour aller trouver Bassetti à Capodichino.

En moins d'un quart d'heure, il y était.

Bassetti y maintenait la défense, avec moins de peine que là où était le cardinal.

Salvato put donc le tirer à part, lui faire signer

par duplicata l'ordre pour Schipani, afin que, si l'un des deux ne parvenait pas à sa destination, l'autre y parvînt.

Il lui raconta ce qui venait de se passer au pont de la Madeleine et ne le quitta qu'après lui avoir fait faire serment de défendre Capodichino jusqu'à la dernière extrémité et de concourir au mouvement du lendemain.

Salvato, pour revenir au Château-Neuf, devait traverser toute la ville. A la strada Floria, il vit un immense rassemblement qui lui barrait la rue.

Ce rassemblement était causé par un moine monté sur un âne, et portant une grande bannière.

Cette bannière représentait le cardinal Ruffo, à genoux devant saint Antoine de Padoue, tenant dans ses mains des rouleaux de cordes qu'il présentait au cardinal.

Le moine, de grande taille déjà, grâce à sa monture, dominait toute la foule, à laquelle il expliquait ce que représentait la bannière.

Saint Antoine était apparu en rêve au cardinal Ruffo, et lui avait dit, en lui montrant des cordes, que, pour la nuit du 13 au 14 juin, c'est-à-dire pour la nuit suivante, les patriotes avaient fait le complot de pendre tous les lazzaroni, ne laissant la vie qu'aux enfants pour les élever dans l'athéisme, et que, dans ce but, une distribution de cordes avait été faite par le directoire aux jacobins.

Par bonheur, saint Antoine, dont la fête tombait le 14, n'avait pas voulu qu'un tel attentat s'accomplît le jour de sa fête, et avait, comme le constatait la bannière que déroulait le moine en la faisant voltiger, obtenu du Seigneur la permission de prévenir ses fidèles bourboniens du danger qu'ils couraient.

Le moine invitait les lazzaroni à fouiller les maisons des patriotes et à pendre tous ceux dans les maisons desquels on trouverait des cordes.

Depuis deux heures, le moine, qui remontait du Vieux-Marché vers le palais Borbonico, faisait, de cent pas en cent pas, une halte, et, au milieu des cris, des vociférations, des menaces de plus de cinq cents lazzaroni, répétait une proclamation semblable. Salvato, ne sachant point la portée que pouvait avoir la harangue du capucin, que nos lecteurs ont déjà reconnu, sans doute, pour fra Pacifico, lequel, en reparaissant dans les bas quartiers de Naples y avait retrouvé sa vieille popularité avec recrudescence de popularité nouvelle, — Salvato, disons-nous, allait passer outre, lorsqu'il vit venir, par la rue San-Giovanni à Carbonara, une troupe de ces misérables portant au bout d'une baïonnette une tête couronnée de cordes.

Celui qui la portait était un homme de quarante à quarante-cinq ans, hideux à voir, couvert qu'il était de sang, la tête qu'il portait au bout de la baïonnette étant fraîchement coupée et dégouttant sur lui. A sa laideur naturelle, à sa barbe rousse comme celle de Judas, à ses cheveux roidis et collés à ses tempes par la pluie sanglante, il faut joindre une large balafre lui coupant la figure en diagonale et lui crevant l'œil gauche.

Derrière lui venaient d'autres hommes portant des cuisses et des bras.

Ces hideux trophées de chair s'avançaient au milieu des cris de « Vive le roi ! vive la religion ! »

Salvato s'informa de ce que signifiait la sinistre procession et apprit qu'à la suite de la proclamation de fra Pacifico, des cordes ayant été trouvées dans la cave d'un boucher, le pauvre diable, au milieu des cris « Voilà les lacets qui devaient nous pendre ! » avait été égorgé à petits coups, puis dépecé en morceaux, Son torse, déchiré en vingt parties, avait été pendu aux crochets de la boutique, tandis que sa tête, couronnée de cordes, était, avec ses bras et ses cuisses, portée par la ville.

Il se nommait Cristoforo; c'était le même qui avait procuré à Michele une pièce de monnaie russe.

Quant à son assassin, que Salvato ne reconnut point au visage, mais qu'il reconnut au nom, c'était ce même beccaïo qui l'avait attaqué, lui sixième, sous les ordres de Pasquale de Simone, dans la nuit du 22 au 23 septembre, et à qui il avait fendu l'œil d'un coup de sabre.

A cette explication, que lui donna un bourgeois qui, ayant entendu tout ce bruit, s'était hasardé sur le pas de sa porte, Salvato n'y put tenir. Il mit le sabre à la main et s'élança sur cette bande de cannibales.

Le premier mouvement des lazzaroni fut de prendre la fuite ; mais, voyant qu'ils étaient cent et que Salvato était seul, la honte les gagna, et ils revinrent menaçants sur le jeune officier. Trois ou quatre coups de sabre bien appliqués écartèrent les plus hardis, et Salvato se serait encore tiré de cette mauvaise affaire si les cris des blessés et surtout les vociférations du beccaïo n'eussent donné l'éveil à la troupe qui accompagnait fra Pacifico, et qui, en l'accompagnant, fouillait les maisons désignées.

Une trentaine d'hommes se détachèrent et vinrent prêter main-forte à la bande du beccaïo.

Alors, on vit ce spectacle singulier d'un seul homme se défendant contre soixante, par bonheur, mal armés, et faisant bondir son cheval au milieu d'eux comme si son cheval eût eu des ailes. Dix fois, une voie lui fut ouverte et il eût pu fuir, soit par la strada de l'Orticello, soit par la grotta della Marsa, soit par le vico dei Ruffi; mais il semblait ne pas vouloir quitter la partie, évidemment si mauvaise pour lui, tant qu'il n'aurait pas atteint et puni le misérable chef de cette bande d'assassins. Mais, plus libre que lui de ses mouvements, parce qu'il était au milieu de la foule, le beccaïo lui échappait sans cesse, glissant, pour ainsi dire, entre ses mains comme l'anguille entre les mains du pêcheur. Tout à coup, Salvato se souvint des pistolets qu'il avait dans ses fontes. Il passa son sabre dans sa main gauche, tira son pistolet de sa fonte et l'arma. Par malheur, pour viser sûrement, il fut obligé d'arrêter son cheval. Au moment où Salvato touchait du doigt la gâchette, son cheval s'affaissa tout à coup sous lui; un lazzarone, qui s'était glissé entre les jambes de l'animal, lui avait coupé le jarret.

Le coup de pistolet partit en l'air.

Cette fois, Salvato n'eut pas le temps de se relever ni de chercher son autre pistolet dans son autre fonte : dix lazzaroni se ruèrent sur lui, cinquante couteaux le menacèrent.

Mais un homme se jeta au milieu de ceux qui allaient le poignarder, en criant :

— Vivant! vivant!

Le beccaïo, en voyant l'acharnement de Salvato à le poursuivre, l'avait reconnu et avait compris qu'il était reconnu lui-même. Or, il estimait assez le courage du jeune homme pour savoir avec quelle indifférence il recevrait la mort en combattant.

Ce n'était donc pas cette mort-là qu'il lui réservait.

— Et pourquoi vivant? répondirent vingt voix.

— Parce que c'est un Français, parce que c'est l'aide de camp du général Championnet, parce que c'est celui, enfin, qui m'a donné ce coup de sabre!

Et il montrait la terrible balafre qui lui sillonnait le visage.

— Eh bien, qu'en veux-tu faire?

— Je veux me venger, donc! cria le beccaïo; je veux le faire mourir à petit feu! je veux le hacher comme chair à pâté! je veux le rôtir! je veux le pendre!

Mais, comme il crachait, pour ainsi dire, toutes ces menaces au visage de Salvato, celui-ci, sans daigner lui répondre, par un effort surhumain, rejeta loin de lui les cinq ou six hommes qui pesaient sur ses bras et sur ses épaules, et, se relevant de toute sa hauteur, fit tournoyer son sabre au-dessus de sa tête, et, d'un coup de taille qu'eût envié Roland, il lui eût fendu la tête jusqu'aux épaules si le beccaïo n'eût paré le coup avec le fusil à la baïonnette duquel était embrochée la tête du malheureux boucher.

Si Salvato avait la force de Roland, son sabre, par malheur, n'avait point la trempe de Durandal : la lame, en rencontrant le canon du fusil, se brisa comme du verre. Mais, comme elle ne rencontra le canon du fusil qu'après avoir rencontré la main du beccaïo, trois de ses doigts tombèrent à terre.

Le beccaïo poussa un rugissement de douleur et surtout de colère.

— Heureusement, dit-il, que c'est à la main gauche : il me reste la main droite pour te pendre !

Salvato fut garrotté avec les cordes que l'on avait prises chez le boucher et emporté dans un palais, au fond de la cave duquel on venait de trouver des cordes et dont on jetait les meubles et les habitants par la fenêtre.

Quatre heures sonnaient à l'horloge de la Vicaria.

A la même heure, le curé Antonio Toscano tenait la parole qu'il avait donnée au jeune général.

Comme toutes les heures de cette journée, célèbre dans les annales de Naples, furent marquées par quelques traits de dévouement, d'héroïsme ou de cruauté, je suis forcé d'abandonner Salvato, si précaire que soit sa situation, pour dire à quel point en était le combat.

Après la mort du général Writz, le commandant en second Grimaldi avait pris la direction de la bataille. C'était un homme d'une force herculéenne et d'un courage éprouvé. Deux ou trois fois, les sanfédistes, lancés au delà du pont par ces élans des montagnards auxquels rien ne résiste, vinrent attaquer corps à corps les républicains. C'était alors que l'on voyait le géant Grimaldi, se faisant une massue d'un fusil ramassé à terre, frapper avec la régularité d'un batteur en grange et abattre à chaque coup un homme, avec son terrible fléau.

En ce moment, on vit ce vieillard presque aveugle qui avait demandé un fusil en promettant de s'approcher si près de l'ennemi qu'il serait bien malheureux s'il ne le voyait pas; — en ce moment, disons-nous, on vit Louis Serio, traînant ses deux neveux plutôt qu'il n'était conduit par eux, s'avancer jusqu'au bord du Sebeto, où ils l'abandonnèrent. Mais, là, il n'était plus qu'à vingt pas des sanfédistes. Pendant une demi-heure, on le vit charger et décharger son fusil avec le calme et le sang-froid d'un vieux soldat, ou plutôt avec le stoïque désespoir d'un citoyen qui ne veut pas survivre à la liberté de son pays. Il tomba enfin, et, au milieu des nombreux cadavres qui encombraient les abords du fleuve, son corps resta perdu ou plutôt oublié.

Le cardinal comprit que jamais on ne forcerait le passage du pont tant que la double canonnade du fort de Vigliana et de la flottille de Caracciolo prendrait ses hommes en flanc.

Il fallait d'abord s'emparer du fort; puis, le fort pris, on foudroierait la flottille avec les canons du fort.

Nous avons dit que le fort était défendu par cent cinquante ou deux cents Calabrais, commandés par le curé Antonio Toscano.

Le cardinal mit tout ce qu'il avait de Calabrais sous les ordres du colonel Rapini, Calabrais lui-même, et leur ordonna de prendre le fort, coûte que coûte.

Il choisissait des Calabrais pour combattre les Calabrais, parce qu'il savait qu'entre compatriotes la lutte serait mortelle : les luttes fratricides sont les plus terribles et les plus acharnées.

Dans les duels entre étrangers, parfois les deux adversaires survivent; nul n'a survécu d'Étéocle et de Polynice.

En voyant le drapeau aux trois couleurs flottant au-dessus de la porte et en lisant la légende gravée au-dessous du drapeau : *Nous venger, vaincre ou mourir !* les Calabrais, ivres de fureur, se ruèrent sur le petit fort, des haches et des échelles à la main.

Quelques-uns parvinrent à entamer la porte à coups de hache; d'autres arrivèrent jusqu'au pied des murailles, où ils tentèrent d'appuyer leurs échelles; mais on eût dit que, comme l'arche sainte, le fort de Vigliana frappait de mort quiconque le touchait.

Trois fois les assaillants revinrent à la charge et trois fois furent repoussés en laissant les approches du fort jonchées de cadavres.

Le colonel Rapini, blessé de deux balles, envoya demander du secours.

Le cardinal lui envoya cent Russes et deux batteries de canon.

Les batteries furent établies, et, au bout de deux heures, la muraille offrait une brèche praticable.

On envoya alors un parlementaire au commandant : il offrait la vie sauve.

— Lis ce qui est écrit sur la porte du fort, répondit le vieux prêtre : *Nous venger, vaincre ou mourir !* Si nous ne pouvons vaincre, nous mourrons et nous nous vengerons.

Sur cette réponse, Russes et Calabrais s'élancèrent à l'assaut.

La fantaisie d'un empereur, le caprice d'un fou, de Paul Ier, envoyait des hommes nés sur les rives de la Néva, du Volga et du Don, mourir pour des princes dont ils ignoraient le nom, sur les plages de la Méditerranée.

Deux fois ils furent repoussés et couvrirent de leurs cadavres le chemin qui conduisait à la brèche.

Une troisième fois, ils revinrent à la charge, les Calabrais conduisant l'attaque. Au fur et à mesure que ceux-ci déchargeaient leurs fusils, ils les jetaient; puis, le couteau à la main, ils s'élançaient dans l'intérieur du fort. Les Russes les suivaient, poignardant avec leurs baïonnettes tout ce qu'ils trouvaient devant eux.

C'était un combat muet et mortel, un combat corps à corps, dans lequel la mort se faisait jour, au milieu d'embrassements si étroits, qu'on eût pu les croire des embrassements fraternels. Cependant, la brèche une fois ouverte, les assaillants croissaient toujours, tandis que les assiégés tombaient les uns après les autres sans être remplacés.

De deux cents qu'ils étaient d'abord, à peine en restait-il soixante, et plus de quatre cents ennemis les entouraient. Ils ne craignaient pas la mort; seulement, ils mouraient désespérés de mourir sans vengeance.

Alors, le vieux prêtre, couvert de blessures, se dressa au milieu d'eux, et, d'une voix qui fut entendue de tous :

— Êtes-vous toujours décidés ? demanda-t-il.

— Oui ! oui ! oui ! répondirent toutes les voix.

A l'instant même, Antonio Toscano se laissa glisser dans le souterrain où était la poudre, il approcha d'un baril un pistolet qu'il avait conservé comme suprême ressource, et fit feu.

Alors, au milieu d'une épouvantable explosion, vainqueurs et vaincus, assiégeants et assiégés, furent enveloppés dans le cataclysme.

Naples fut secouée comme par un tremblement de terre, l'air s'obscurcit sous un nuage de poussière, et, comme si un cratère se fût ouvert au pied du Vésuve, pierres, solives, membres écartelés retombèrent sur une immense circonférence.

Tout ce qui se trouvait dans le fort fut anéanti : un seul homme, étonné de vivre sans blessures, emporté dans l'air, retomba dans la mer, nagea vers Naples et regagna le Château-Neuf, où il raconta la mort de ses compagnons et le sacrifice du prêtre.

Ce dernier des Spartiates calabrais se nommait Fabiani.

La nouvelle de cet événement se répandit en un

instant dans les rues de Naples et y souleva un enthousiame universel.

Quant au cardinal, il vit immédiatement le parti qu'il pouvait tirer de l'événement.

Le feu du fort de Vigliana éteint, rien ne lui défendait plus d'approcher de la mer, et il pouvait, à son tour, avec ses pièces de gros calibre, foudroyer la petite escadre de Caracciolo.

Les Russes avaient des pièces de seize. Ils établirent une batterie au milieu des débris mêmes du fort, qui leur servirent à construire des épaulements, et ils commencèrent, vers cinq heures du soir, à foudroyer la flottille.

Caracciolo, écrasé par des boulets russes, dont un seul suffisait pour couler bas une de ses chaloupes, quelquefois deux, fut obligé de prendre le large.

Alors le cardinal put faire avancer ses hommes par la plage, demeurée sans défense depuis la prise du fort de Vigliana, et les deux champs de bataille de la journée restèrent aux sanfédistes, qui campèrent sur les ruines du fort et poussèrent leurs avant-postes jusqu'au delà du pont de la Madeleine.

Bassetti, nous l'avons dit, défendait Capodichino, et, jusque-là, avait paru combattre franchement pour la République, qu'il trahit depuis. Tout à coup, il entendit retentir derrière lui les cris de « Vive la religion ! vive le roi ! » poussés par fra Pacifico et les lazzaroni sanfédistes qui, profitant de ce que les rues de Naples étaient demeurées sans défenseurs, s'en étaient emparés. En même temps, il apprit la blessure et la mort de Writz. Il craignit alors de demeurer dans une position avancée où la retraite pouvait lui être coupée. Il croisa la baïonnette et s'ouvrit, à travers les rues encombrées de lazzaroni, un passage jusqu'au Château-Neuf.

Manthonnet, avec sept ou huit cents hommes, avait vainement attendu une attaque sur les hauteurs de Capodimonte ; mais, ayant vu sauter le fort de Vigliana, ayant vu la flottille de Caracciolo forcée de s'éloigner, ayant appris la mort de Writz et la retraite de Bassetti, il se retira lui-même par le Ramero sur Saint-Elme, où le colonel Mejean refusa de le recevoir. Il s'établit en conséquence, lui et ses patriotes, dans le couvent Saint-Martin, placé au pied de Saint-Elme, moins fortifié que lui par l'art, mais aussi fortifié par la position.

De là, il pouvait voir les rues de Naples livrées aux lazzaroni, tandis que les patriotes se battaient au pont de la Madeleine et sur toute la plage, du port de Vigliana à Portici.

Exaspérés par le prétendu complot dressé contre eux par les patriotes, et à la suite duquel ils devaient être tous étranglés si saint Antoine, meilleur gardien de leur vie que ne l'était saint Janvier, ne fût venu en personne révéler le complot au cardinal, les lazzaroni, excités par fra Pacifico, se livraient à des cruautés qui dépassaient toutes celles qu'ils avaient commises jusque-là.

Pendant le trajet que Salvato dut parcourir pour aller de l'endroit où il avait été arrêté à celui où il devait attendre la mort que lui promettait le beccaïo, il put voir quelques-unes de ces cruautés auxquelles se livraient les lazzaroni.

Un patriote attaché à la queue d'un cheval passa, emporté par l'animal furieux, laissant, sur les dalles qui pavent les rues, une large traînée de sang et achevant de laisser aux angles des rues et des vicoli les débris d'un cadavre chez lequel le supplice survivait à la mort.

Un autre patriote, les yeux crevés, le nez et les oreilles coupés, le croisa trébuchant. Il était nu, et des hommes qui le suivaient en l'insultant, le forçaient de marcher en le piquant par derrière avec des sabres et des baïonnettes.

Un autre, à qui l'on avait scié les pieds, était forcé à coups de fouet de courir sur les os de ses jambes comme sur des échasses, et, chaque fois qu'il tombait, à coups de fouet était forcé de se relever et de reprendre cette course effroyable.

Enfin à la porte était dressé un bûcher sur lequel on brûlait des femmes et des enfants que l'on y jetait vivants ou moribonds, et dont ces cannibales, et, entre autres, le curé Rinaldi, que nous avons déjà eu l'occasion de nommer deux ou trois fois, s'arrachaient les morceaux à moitié cuits pour les dévorer (1).

(1) Comme on pourrait croire que nous faisons de l'horreur à plaisir, nous allons citer les différents textes auxquels nous empruntons ces détails.

« En outre, — dit Bartolomeo Nardini dans ses *Mémoires pour servir à l'histoire des révolutions de Naples*, par un témoin oculaire, — en outre, le cardinal avait fait fabriquer une quantité de lacets qu'il faisait jeter dans les maisons pour donner à ce mensonge l'apparence de la vérité. Les jeunes gens de la ville, qui avaient été forcés de s'inscrire aux rôles de la garde nationale, fuyaient, quelques-uns travestis en femmes, les autres en lazzaroni, et se cachaient dans les maisons les plus misérables, pensant que celles-là seraient les plus respectées. Mais ceux qui avaient eu la chance de passer à travers le peuple sans être reconnus, ne trouvaient point d'hôtes qui voulussent les recevoir. On savait trop bien que les maisons où on les trouverait seraient livrées au pillage et à l'incendie. Les frères fermèrent la porte à leurs frères, les épouses à leurs époux, les parents à leurs enfants. Il se trouva à Naples un père si dénaturé, que, pour prouver son attachement au parti royaliste, il livra de sa propre main son fils à cette populace, sans même qu'il fût poursuivi par elle, et se fit une cuirasse avec le sang de son enfant.

« Ces malheureux fugitifs, ne trouvant personne qui consentît à leur donner asile, étaient contraints de se cacher dans les égouts de la ville, où ils rencontraient d'autres malheureux, forcés de s'y cacher comme eux, et hors desquels la faim les forçait de sortir la nuit pour aller chercher quelque nourriture. Les lazzaroni les attendaient à l'affût, s'emparaient d'eux, les fai-

Ce bûcher était fait d'une partie des meubles du palais jetés par les fenêtres. Mais, la rue s'étant trou-saient expirer au milieu des tortures ; puis, à ces corps mutilés, ils coupaient les têtes, qu'ils portaient au cardinal Ruffo. »

Attendez-vous à mieux que cela.

» Durant l'assaut des châteaux et de la ville, raconte l'historien Cuoco, — le même que, dans sa lettre à Ruffo, le roi condamna irrévocablement à mort, — durant l'assaut des châteaux, le peuple napolitain commit des barbaries qui font frémir et deviennent inexplicables, même à l'endroit des femmes. Il éleva sur les places publiques des bûchers où il faisait cuire et mangeait les membres des malheureux qu'il y jetait vivants ou moribonds. »

Or, notez que l'homme qui raconte ceci est Vicenzo Cuoco, l'auteur du *Précis sur les événements de Naples,* c'est-à-dire un des magistrats les plus distingués du barreau napolitain. Malgré la recommandation de Ferdinand, il parvint à échapper au massacre populaire et au massacre juridique qui le suivit. Exilé pendant dix ans de sa patrie, il y rentra avec le roi Joseph, fut ministre sous Murat, et devint fou de terreur parce que, Murat tombé, le prince Léopold lui fit demander son *Précis historique.*

Un autre auteur, qui garde l'anonyme et qui intitule son livre *Mes Périls,* raconte que, s'étant sauvé, déguisé en femme, dans une maison où l'on voulut bien lui donner l'hospitalité, il y fit connaissance avec le curé Rinaldi, qui, ne sachant point écrire, le tourmentait pour lui faire rédiger pour Ferdinand un mémoire où il sollicitait de Sa Majesté la faveur d'être nommé gouverneur de Capoue, énumérant au nombre de ses droits incontestables à ce poste d'avoir, à cinq ou six reprises différentes, mangé du jacobin, et, entre autres, une épaule d'enfant tiré du sein de sa mère éventrée.

On ferait un livre à part du simple récit des différentes tortures infligées aux patriotes, tortures qui font le plus grand honneur à l'imagination des lazzaroni napolitains, en ce que ces tortures ne sont portées ni sur le répertoire de l'inquisition, ni sur le catalogue des supplices des Indiens rouges.

vée encombrée, le rez-de-chaussée avait été moins dévasté que les autres pièces, et dans la salle à manger restaient une vingtaine de chaises et une pendule qui continuait à marquer l'heure avec l'impassibilité des choses mécaniques.

Salvato jeta un coup d'œil machinal sur cette pendule : elle marquait quatre heures un quart.

Les hommes qui le portaient le déposèrent sur la table. Décidé à ne pas échanger une parole avec ses bourreaux, soit par le mépris qu'il faisait d'eux, soit par la conviction que cette parole serait inutile, il se coucha sur le côté comme un homme qui dort.

Alors, entre tous ces hommes, experts en torture, il fut débattu de quel genre de mort mourrait Salvato.

Brûlé à petit feu, écorché vif, coupé en morceaux, Salvato pouvait supporter tout cela sans jeter une plainte, sans pousser un cri.

C'était du meurtre, et, aux yeux de ces hommes, le meurtre ne déshonorait pas, n'humiliait pas, n'abaissait pas celui qui en était la victime.

Le beccaïo voulait autre chose. D'ailleurs, il déclarait qu'ayant été défiguré et mutilé par Salvato, Salvato lui appartenait. C'était son bien, sa propriété, sa chose. Il avait donc le droit de le faire mourir comme il voudrait.

Or, il voulait que Salvato mourût pendu.

La pendaison est une mort ridicule, où le sang n'est point répandu, — le sang ennoblit la mort; — les yeux sortent de leurs orbites, la langue enfle et jaillit hors de la bouche, le patient se balance avec des gestes grotesques. C'était ainsi, pour qu'il mourût dix fois, que Salvato devait mourir.

Salvato entendait toute cette discussion, et il était forcé de se dire que le beccaïo, eût-il été Satan lui-même, et, en sa qualité de roi des réprouvés, eût-il pu lire en son âme, il n'eût pas mieux deviné ce qui s'y passait.

Il fut donc convenu que Salvato mourrait pendu.

Au-dessus de la table où était couché Salvato se trouvait un anneau ayant servi à suspendre un lustre.

Seulement, le lustre avait été brisé.

Mais on n'avait pas besoin du lustre pour ce que voulait faire le beccaïo : on n'avait besoin que de l'anneau.

Il prit une corde dans sa main droite, et, si mutilée que fût sa main gauche, il parvint à y faire un nœud coulant.

Puis il monta sur la table, et, de la table, comme il eût fait d'un escabeau, sur le corps de Salvato, qui demeura aussi insensible à la pression du pied immonde que s'il eût été déjà changé en cadavre.

Il passa la corde dans l'anneau.

Tout à coup il s'arrêta; il était évident qu'une idée nouvelle venait de lui traverser l'esprit.

Il laissa le nœud coulant pendre à l'anneau et jeta à terre l'autre extrémité de la corde.

— Oh! dit-il, camarades, je vous demande un quart d'heure, rien qu'un quart d'heure! Pendant un quart d'heure, promettez-moi de me le garder vivant, et je vous promets, moi, pour ce jacobin, une mort dont vous serez tous contents.

Chacun demanda au beccaïo ce qu'il voulait dire et de quelle mort il entendait parler; mais le beccaïo, refusant obstinément de répondre aux questions qui lui furent faites, s'élança hors du palais et prit sa course vers la *via dei Sospiri-dell'Abisso.*

LXV

CE QU'ALLAIT FAIRE LE BECCAIO VIA DEI SOSPIRI-DELL'ABISSO

La via dei Sospiri-dell'Abisso, c'est-à-dire la rue des Soupirs-de-l'Abîme, donnait d'un côté sur le quai della strada Nuova, de l'autre sur le Vieux-Marché, où se faisaient d'habitude les exécutions.

On l'appelait ainsi, parce qu'en entrant dans cette rue, les condamnés, pour la première fois, apercevaient l'échafaud et qu'il était bien rare que cette vue ne leur tirât point un amer soupir du fond des entrailles.

Dans une maison à porte si basse qu'il semblait qu'aucune créature humaine n'y pût entrer la tête levée, et dans laquelle on n'entrait, en effet, qu'en descendant deux marches et en se courbant, comme pour entrer dans une caverne, deux hommes causaient à une table sur laquelle étaient posés un fiasco de vin du Vésuve et deux verres.

L'un de ces hommes nous est complétement étranger; l'autre est notre vieille connaissance Basso Tomeo, le pêcheur de Mergellina, le père d'Assunta et des trois gaillards que nous avons vus tirer le filet le jour de la pêche miraculeuse, qui fut le dernier jour des deux frères della Torre.

On se rappelle à la suite de quelles craintes qui le poursuivaient à Mergellina il était venu demeurer à la Marinella, c'est-à-dire à l'autre bout de la ville.

En tirant ses filets, ou plutôt les filets de son père, Giovanni, son dernier fils, avait remarqué, à la fenêtre de la maison faisant le coin du quai de la strada

Nuova et de la rue des Soupirs-de-l'Abîme, fenêtre à fleur de terre à cause des deux marches à l'aide desquelles on descendait dans l'appartement que, dans le jargon de nos constructeurs modernes, on appellerait un sous-sol, — Giovanni avait, disons-nous, remarqué une belle jeune fille dont il était devenu amoureux.

Il est vrai que son nom semblait la prédestiner à épouser un pêcheur : elle s'appelait Marina.

Giovanni, qui arrivait de l'autre côté de la ville, ne savait pas ce que personne n'ignorait du pont de la Madeleine à la strada del Piliere : c'était à qui appartenait cette maison à porte basse et de qui était fille cette belle fleur de grève qui s'épanouissait ainsi au bord de la mer.

Il s'informa, et apprit que la maison et la fille appartenaient à maître Donato, le bourreau de Naples.

Quoique les peuples méridionaux, et particulièrement le peuple napolitain, n'aient point pour l'exécuteur des hautes œuvres cette répulsion qu'il inspire, en général, aux hommes du Nord, nous ne saurions cacher à nos lecteurs que la nouvelle ne fut point agréable à Giovanni.

Son premier sentiment fut de renoncer à la belle Marina. Comme nos deux jeunes gens n'avaient encore échangé que des regards et des sourires, la rupture n'exigeait pas de grandes formalités. Giovanni n'avait qu'à ne plus passer devant la maison, ou, quand il y passerait, à tourner les yeux d'un autre côté.

Il fut huit jours sans y passer; mais, le neuvième, il n'y put tenir : il y passa. Seulement, en y passant, il tourna la tête vers la mer.

Par malheur, ce mouvement avait été fait trop tard, et, lorsqu'il avait détourné la tête, la fenêtre où stationnait d'habitude la belle Marina s'était trouvée comprise dans le cercle parcouru par son rayon visuel.

Il avait entrevu la jeune fille; il lui avait même semblé qu'un nuage de tristesse voilait son visage.

Mais la tristesse, qui enlaidit les vilains visages, fait un effet contraire sur les beaux.

La tristesse avait encore embelli Marina.

Giovanni s'arrêta court. Il lui sembla qu'il avait oublié quelque chose à la maison. Il eût bien de la peine à dire quoi; mais cette chose, quelle qu'elle fût, lui sembla si nécessaire, qu'il se retourna, mû par une force supérieure, et qu'en se retournant, les mesures qu'il avait déjà si mal prises, étant plus mal prises encore, il se trouva face à face avec celle qu'il s'était promis à lui-même de ne plus regarder.

Cette fois, les regards des deux jeunes gens se croisèrent et se dirent, avec ce langage si rapide et si expressif des yeux, tout ce qu'auraient pu se dire leurs paroles.

Notre intention n'est point de suivre, quelque intérêt que nous serions sûr de lui donner, cet amour dans ses développements. Il suffira à nos lecteurs de savoir que, comme Marina était aussi sage que belle et que l'amour de Giovanni allait toujours croissant, force lui fut, un beau matin, de s'ouvrir à son père, de lui avouer son amour et de lui dire, le plus sentimentalement qu'il put, qu'il n'y avait plus de bonheur pour lui en ce monde s'il n'obtenait pas la main de la belle Marina.

Au grand étonnement de Giovanni, le vieux Basso Tomeo ne vit point à ce mariage une insurmontable difficulté. C'était un grand philosophe que le pêcheur de Mergellina, et la même raison qui lui avait fait refuser sa fille à Michele le poussait à offrir son fils à Marina.

Michele, au su de tout le monde, n'avait pas le sou, tandis que maître Donato, exerçant un métier, exceptionnel, c'est vrai, mais, par cela même, lucratif, devait avoir une escarcelle bien garnie.

Le vieux pêcheur consentit donc à s'aboucher avec maître Donato.

Il alla le trouver et lui exposa le motif de sa visite.

Quoique Marina, ainsi que nous l'avons dit, fût charmante, et quoique le préjugé social soit moins grand chez les Méridionaux que chez les hommes du Nord, à Naples qu'à Paris, une fille de bourreau n'est point marchandise facile à placer, et maître Donato ouvrit l'oreille aux propositions du vieux Basso Tomeo.

Toutefois, le vieux Basso Tomeo, avec une franchise qui lui faisait honneur, avouait que l'état de pêcheur, suffisant à nourrir son homme, ne suffisait pas à nourrir une famille, et qu'il ne pouvait pas donner à son fils le moindre ducat en mariage.

Il fallait donc que les jeunes époux fussent dotés par maître Donato, ce qui lui serait d'autant plus facile qu'on entrait dans une phase de révolution, et, comme il est de tradition qu'il n'est point de révolution sans exécutions, maître Donato, qui, à six cents ducats, c'est-à-dire à deux mille quatre cents francs de fixe par an, joignait dix ducats de prime, c'est-à-dire quarante francs à chaque exécution, allait, en quelques mois, faire une fortune, non-seulement rapide, mais colossale.

Dans la perspective de ce travail lucratif, il

promit de donner à Marina une dot de trois cents ducats.

Seulement, voulant donner cette somme, non point sur ses économies déjà faites, mais sur son gain à venir, il avait remis le mariage à quatre mois. C'était bien le diable si la révolution ne lui donnait point à faire huit exécutions en quatre mois, une par quinzaine.

Ce bas chiffre représentait trois cents vingt ducats; ce qui lui donnait encore vingt ducats de bénéfice.

Par malheur pour Donato, on a vu de quelle façon philanthropique s'était faite la révolution de Naples; de sorte que, trompé dans son calcul et n'ayant pas eu la moindre pendaison à exécuter, maître Donato se faisait tirer l'oreille pour consentir au mariage de Marina avec Giovanni, ou plutôt au versement de la dot qui devait assurer l'existence des deux jeunes gens.

Voilà pourquoi il était assis à la même table que Basso Tomeo; car, nous ne le cacherons pas plus longtemps à nos lecteurs, cet homme qui leur est inconnu, qui est assis en face du vieux pêcheur, qui saisit le fiasco par son col mince et flexible et qui remplit le verre de son partner, c'est maître Donato, le bourreau de Naples.

— Si ce n'est pas fait pour moi ! Comprenez-vous, compère Tomeo ? c'est-à-dire que, quand j'ai vu s'établir la République, que j'ai demandé à des gens instruits ce que c'était que la République, et que ceux-ci m'ont expliqué que c'était une situation politique dans laquelle la moitié des citoyens coupait le cou à l'autre, je me suis dit : « Ce n'est point trois cents ducats que je vais gagner, c'est mille, cinq mille, dix mille ducats, c'est-à-dire une fortune ! »

— C'était à penser, en effet. On m'a assuré qu'en France il y avait un citoyen nommé Marat qui demandait trois cent mille têtes dans chaque numéro de son journal. Il est vrai qu'on ne les lui donnait pas toutes ; mais enfin on lui en donnait quelques-unes.

— Eh bien, pendant cinq mois qu'a duré notre révolution, à nous, pas un seul Marat : des Cirillo, des Pagano, des Charles Laubert, des Manthonnet tant qu'on en a voulu, c'est-à-dire des philanthropes qui ont crié sur les terrasses : « Ne touchez pas aux individus ! respectez les propriétés ! »

— Ne m'en parlez pas, compère, dit Basso Tomeo en haussant les épaules ; on n'a jamais vu une pareille chose. Aussi, vous voyez où ils en sont, MM. les patriotes : cela ne leur a point porté bonheur.

— C'est au point que, quand j'ai vu qu'on pendait à Procida et à Ischia, j'ai réclamé. Partout où l'on pend, il me semble que je dois en être ; mais savez-vous ce que l'on m'a répondu ?

— Non.

— On m'a répondu qu'on ne pendait pas dans les îles pour le compte de la République, mais pour le compte du roi ; que le roi avait envoyé de Palerme un juge pour juger, et que les Anglais avaient fourni un bourreau pour pendre. Un bourreau anglais ! Je voudrais bien voir comment il s'y prend !

— C'est un passe-droit, compère Donato.

— Enfin, il me restait un dernier espoir. Il y avait dans les prisons du Château-Neuf deux conspirateurs ; ceux-là ne pouvaient m'échapper : ils avouaient hautement leur crime, ils s'en vantaient même.

— Les Backer ?

— Justement... Avant-hier, on les condamne à mort. Je dis : « Bon ! c'est toujours vingt ducats et leur défroque. » Comme ils étaient riches, leurs habits auraient une valeur. Pas du tout : savez-vous ce que l'on fait ?

— On les fusille : je les ai vu fusiller.

— Fusiller ! A-t-on jamais vu fusiller à Naples ? Tout cela pour faire sur un pauvre diable une économie de vingt ducats ! Oh ! tenez, compère, un gouvernement qui ne pend pas et qui fusille ne peut pas tenir. Aussi, voyez, dans ce moment-ci, comment nos lazzaroni les arrangent, vos patriotes !

— Mes patriotes, compère ? Ils n'ont jamais été à moi. Je ne savais pas même ce que c'était qu'un patriote. Je l'ai demandé à fra Pacifico, qui m'a répondu que c'était un jacobin ; alors, je lui ai demandé ce que c'était qu'un jacobin, et il m'a répondu que c'était un patriote, c'est-à-dire un homme qui avait commis toute sorte de crimes, et qui serait damné.

— En attendant, nos pauvres enfants ?

— Que voulez-vous, père Tomeo ! Je ne peux pourtant pas me tirer le sang des veines pour eux. Qu'ils attendent. J'attends bien, moi ! Peut-être que, si le roi rentre, cela changera et que j'aurai à pendre (maître Donato grimaça un sourire), même votre gendre Michele.

— Michele n'est pas mon gendre, Dieu merci ! Il a voulu l'être ; j'ai refusé.

— Oui, quand il était pauvre ; mais, depuis qu'il est riche, il n'a plus reparlé de mariage.

— Ça, c'est vrai. Le bandit ! Aussi, le jour où vous le pendrez, je tirerai la corde ; et, s'il nous faut l'aide de nos trois fils, ils la tireront avec moi.

En ce moment, et comme Basso Tomeo offrait obligeamment son aide et celle de ses trois fils à maître Donato, la porte de cette espèce de cave qui servait de demeure à maître Donato s'ouvrit, et beccaïo, secouant toujours sa main sanglante, parut devant les deux amis.

Le beccaïo était bien connu de maître Donato, étant son voisin. Aussi, à la vue du beccaïo, appela-t-il sa fille Marina pour qu'elle apportât un verre.

Marina parut, belle et gracieuse comme une vision. On se demandait comment une si belle fleur avait pu pousser en un pareil charnier.

— Merci, merci, dit le beccaïo. Il ne s'agit point ici de boire, même à la santé du roi : il s'agit, maître Donato, de venir pendre un rebelle.

— Pendre un rebelle ? dit maître Donato. Cela me va.

— Et un vrai rebelle, maître, vous pouvez vous en vanter; et, en cas de doute, vous enquérir à Pasquale de Simone. Nous avons été chargés ensemble de son exécution et nous l'avons manqué comme des imbéciles.

— Ah! ah! fit maître Donato; et lui ne t'a pas manqué? Car je présume que c'est lui qui t'a donné ce fameux coup de sabre qui t'a balafré le visage.

— Et celui-ci qui m'a coupé la main, répliqua le beccaïo montrant sa main mutilée et sanglante.

— Oh! oh! voisin, dit maître Donato, laissez-moi

panser cela. Vous savez que nous sommes un peu chirurgiens, nous autres.

— Non, sang du Christ ! non ! dit le beccaïo. Quand il sera mort, à la bonne heure ; mais, tant qu'il sera vivant, saigne ma main, saigne. Allons, venez, maître : on vous attend.

— On m'attend ? C'est bientôt dit ; mais qui me payera ?

— Moi.

— Vous dites cela parce qu'il est vivant ; mais quand il sera pendu ?

— Nous ne sommes qu'à un pas de ma boutique, nous nous y arrêterons, et je te conterai dix ducats.

— Hum ! fit maître Donato, c'est dix ducats pour les exécutions légales ; mais, pour les exécutions illégales, cela en vaut vingt, et encore je ne sais pas si c'est bien prudent à moi.

— Viens, et je t'en donnerai vingt ; seulement, décide-toi ; car, si tu ne veux pas le pendre, je le pendrai, moi, et ce sera vingt ducats de gagnés.

Maître Donato réfléchit qu'en effet, ce n'était pas chose difficile que de pendre un homme, puisque tant de gens se pendent tout seuls, et, craignant que cette aubaine ne lui échappât :

— C'est bien, dit-il : je ne veux pas désobliger un voisin.

Et il alla prendre un rouleau de corde suspendu au mur par un clou.

— Où allez-vous donc? demanda le beccaïo.

— Vous le voyez bien, je vais prendre mes instruments.

— Des cordes? Nous en avons de reste là-bas.

— Mais elles ne sont point préparées; plus une corde a servi, mieux elle glisse, et, par conséquent, plus elle est douce au patient.

— Plaisantes-tu? s'écria le beccaïo. Est-ce que je veux que sa mort soit douce? Une corde neuve, mordieu ! une corde neuve !

— Au fait, dit maître Donato avec son sourire sinistre, c'est vous qui payez : c'est à vous de faire votre carte. Au revoir, père Tomeo !

— Au revoir, répondit le vieux pêcheur, et bon courage, compère! J'ai idée que voilà votre mauvaise veine coupée.

Puis, à lui-même :

— Légale ou illégale, qu'importe ! c'est toujours vingt ducats à compte sur la dot.

On sortit de la rue des Soupirs-de-.'Abîme e l'on se rendit chez le beccaïo.

Celui-ci alla droit au tiroir du comptoir et y prit vingt ducats, qu'il allait donner à maître Donato, quand tout à coup, se ravisant :

— Voilà dix ducats, maître, lui dit-il ; le reste après l'exécution.

— L'exécution de qui ? demanda la femme du beccaïo en sortant de la chambre du fond.

— Si on te le demande, tu diras que tu ne l'as jamais su ou que tu l'as oublié.

S'apercevant alors seulement de l'état dans lequel était la main de son mari :

— Jésus Dieu ! dit-elle, qu'est-ce que cela ?

— Rien.

— Comment, rien ? Trois doigts coupés, tu appelles cela rien !

— Bon ! dit le beccaïo, s'il faisait du vent, ce serait déjà séché. Venez, maître.

Et il sortit de sa boutique : le bourreau le suivit.

Les deux hommes gagnèrent la rue de Lavinago, le beccaïo guidant maître Donato, et marchant si vite, que maître Donato avait de la peine à le suivre.

Lorsque le beccaïo rentra, tout était dans la même situation que lorsqu'il était parti. Le prisonnier, toujours couché sur la table, insulté et frappé par les lazzaroni, n'avait pas fait un seul mouvement et semblait plongé dans une immobilité complète.

Au reste, il avait fallu presque autant de force morale pour supporter les injures, qu'il avait fallu de force physique pour supporter les coups et les blessures même à l'aide desquels on avait, à vingt reprises différentes, essayé de réveiller ce dormeur obstiné. Injures et coups, nous l'avons dit, tout avait été inutile.

Des cris de joie et des acclamations de triomphe saluèrent l'apparition du tueur de boucs et du tueur d'hommes, et les cris : *Il boïa! il boïa!* s'élancèrent de toutes les bouches.

Si ferme que fût Salvato, il tressaillit à ce cri; car il venait de comprendre la véritable cause du succès qu'il avait obtenu. Non-seulement, dans sa vengeance, le beccaïo voulait sa mort, mais il voulait qu'il mourût d'une main infâme.

Il réfléchit, toutefois, que sa mort, résultat d'une main exercée, serait plus prompte et moins douloureuse.

L'œil qu'il avait entr'ouvert se referma, et il retomba dans son impassibilité, dont personne, d'ailleurs, ne s'était aperçu qu'il fût sorti.

Le beccaïo s'approcha de lui, et, le montrant à maître Donato :

— Tenez, dit-il, voici votre homme.

Maître Donato jeta les yeux autour de lui pour chercher un endroit convenable où établir un gibet provisoire; mais le beccaïo lui montra l'anneau et la corde.

— On t'a préparé la besogne, lui dit-il. Cependant, ne te presse pas, tu as le temps.

Maître Donato monta sur la table; mais, plus respectueux que le beccaïo pour le pauvre bipède qui se prétend fait à la ressemblance de Dieu et que l'on appelle l'homme, il n'osa monter sur le corps du patient, comme avait fait le beccaïo.

Il monta sur une chaise pour s'assurer que l'anneau était solide et le nœud coulant bien fait.

L'anneau était solide; mais le nœud coulant ne coulait pas.

Maître Donato haussa les épaules, murmura quelques paroles railleuses à l'adresse de ceux qui se mêlaient de choses qu'ils ne savaient pas, et refit le nœud mal fait.

Pendant ce temps, le beccaïo insultait de son mieux le prisonnier, toujours muet et immobile comme s'il eût été mort.

La pendule sonna sept heures.

— Compte maintenant les minutes, dit le tueur de boucs à Salvato; car tu as fini de compter les heures.

La nuit n'était point encore venue; mais, dans les rues étroites et aux hautes maisons de Naples, l'obscurité commence à descendre bien avant que se couche le soleil.

On commençait à voir un peu confusément dans

cette salle à manger, où se préparait un spectacle dont personne ne voulait perdre le moindre détail.

Plusieurs voix s'écrièrent :

— Des torches ! des torches !

Il était bien rare que, dans une réunion de cinq ou six lazzaroni, il n'y eût pas un homme muni d'une torche. Incendier était une des recommandations faites par le cardinal Ruffo au nom de saint Antoine, et, en effet, l'incendie est un des accidents qui jettent le plus de trouble dans une ville.

Or, comme il y avait dans la salle à manger quarante ou cinquante lazzaroni, il s'y trouvait sept ou huit torches.

En une seconde, elles furent allumées, et au jour triste du crépuscule tombant succéda la lumière funèbre et enfumée des torches.

A cette lumière, mêlée de grandes ombres, à cause du mouvement qui leur était imprimé par ceux qui les portaient, les figures de tous ces hommes de meurtre et de pillage prirent une expression plus sinistre encore.

Cependant, le nœud coulant était fait, et la corde n'attendait plus que le cou du condamné.

Le bourreau mit un genou en terre près du patient, et, soit pitié, soit conscience de son état :

— Vous savez que vous pouvez demander un

prêtre, lui dit-il, et que nul n'a le droit de vous le refuser.

A ces paroles, dans lesquelles il sembla à Salvato sentir luire la première étincelle de sympathie qui lui eût été témoignée depuis qu'il était tombé aux mains des lazzaroni, sa résolution de garder le silence s'évanouit.

— Merci, mon ami, dit-il d'une voix douce en souriant au bourreau : je suis soldat, et, par conséquent, toujours prêt à mourir; je suis honnête homme, et, par conséquent, toujours prêt à me présenter devant Dieu.

— Quel temps voulez-vous pour faire votre dernière prière? Foi de Donato, ce temps vous sera accordé, ou vous ne serez pas pendu par moi.

— J'ai eu le temps de faire ma prière depuis que je suis couché sur cette table, dit Salvato. Ainsi, mon ami, si vous êtes pressé, que je ne vous retarde pas.

Maître Donato n'était point habitué à trouver cette courtoisie chez ceux auxquels il avait affaire. Aussi, tout bourreau qu'il était, et par cela même qu'il était le bourreau, elle le toucha profondément.

Il se gratta l'oreille un instant.

— Je crois, dit-il, qu'il y a des préjugés contre ceux qui exercent notre état, et que certaines personnes délicates n'aiment pas à être touchées par nous. Voulez-vous dénouer votre cravate et rabattre le col de votre chemise vous-même, ou voulez-vous que je vous rende ce dernier service?

— Je n'ai pas de préjugés, répondit Salvato, et, non-seulement vous êtes pour moi ce qu'est un autre homme, mais encore je vous sais gré de ce que vous faites pour moi, et, si j'avais la main libre, ce serait pour vous serrer la main avant de mourir.

— Par le sang du Christ! vous me la serrerez alors, dit maître Donato en se mettant en devoir de délier les cordes qui liaient les poignets de Salvato : ce sera un bon souvenir pour le reste de ma vie.

— Ah! c'est comme cela que tu gagnes ton argent! s'écria le beccaïo, furieux de voir que Salvato allait mourir aussi impassiblement aux mains du bourreau qu'à celles d'un autre homme. Du moment que cela est ainsi, je n'ai plus besoin de toi.

Et, poussant maître Donato hors de la plate-forme que représentait la table, il y prit sa place.

— Défaire la cravate! rabattre la chemise! à quoi bon tout cela? dit le beccaïo. Je vous le demande un peu! Non pas! non pas! Mon bel ami, nous ne ferons pas tant de cérémonies avec vous. Vous n'avez pas besoin de prêtre? vous n'avez pas besoin de prières? Tant mieux! la chose va plus couramment.

Et, pressant le nœud coulant de la corde, il souleva la tête de Salvato par les cheveux et lui passa le lacet au cou.

Salvato était retombé dans son impassibilité première. Cependant quelqu'un qui eût pu voir son visage, plongé dans l'ombre, eût reconnu, à l'œil entr'ouvert, au cou légèrement tendu du côté de la fenêtre, que quelque bruit extérieur attirait son attention, bruit que, dans leur préoccupation haineuse, ne remarquait aucun des assistants.

En effet, tout à coup deux ou trois lazzaroni, restés dans la cour, se précipitèrent dans la salle à manger en criant : « Alarme! alarme! » en même temps qu'une décharge de mousqueterie se faisait entendre, que les vitres de la fenêtre volaient en éclats, et que le beccaïo, en poussant un horrible blasphème, tombait sur le prisonnier.

Une effroyable confusion succéda à cette première décharge, qui avait tué ou blessé cinq ou six hommes et cassé la cuisse au beccaïo.

Puis, par une fenêtre ouverte, une troupe armée s'élança, ayant à sa tête Michele, dont la voix, dominant le tumulte, criait de toute la force de ses poumons :

— Est-il encore temps, mon général? Si vous êtes

vivant, dites-le; mais, si vous êtes mort, par la madone del Carmine! je jure qu'aucun de ceux qui sont ici n'en sortira vivant!

— Rassure-toi, mon bon Michele, répondit Salvato de sa voix ordinaire, et sans qu'on pût remarquer dans son accent la moindre altération; je suis vivant et parfaitement vivant.

En effet, en tombant sur lui, le beccaïo l'avait protégé contre les balles qui s'égaraient dans ce combat nocturne et qui pouvaient atteindre l'ami aussi bien que l'ennemi, la victime aussi bien que le meurtrier.

Puis, il faut le dire à l'honneur de maître Donato, le digne exécuteur, trompant complétement les espérances que l'on avait mises en lui, avait tiré Salvato de dessus la table, si bien qu'en un clin d'œil le jeune homme s'était trouvé dessous. En un autre clin d'œil, et avec une adresse qui démontrait une habitude longtemps exercée, Donato avait achevé de dénouer la corde qui lui liait les mains, et dans la main droite de l'ex-prisonnier il avait glissé à tout hasard un couteau.

Salvato avait fait un bond en arrière, s'était adossé à la muraille et s'apprêtait à vendre chèrement sa vie, si par hasard le combat se prolongeait et si la victoire paraissait ne pas favoriser ses libérateurs.

C'était de là, l'œil ardent, la main repliée contre la poitrine, le corps ramassé comme un tigre prêt à s'élancer sur sa proie, qu'il avait répondu à Michele et l'avait rassuré en lui répondant.

Mais ce qu'il avait craint n'arriva pas. La victoire ne fut pas un instant douteuse. Ceux qui avaient des torches les jetèrent ou les éteignirent pour fuir plus rapidement, et, au bout de cinq minutes, il ne restait dans la salle que les morts et les blessés, le jeune officier, maître Donato, Michele, Pagliucella, son fidèle lieutenant, et les trente ou quarante hommes que les deux lazzaroni avaient réussi à rassembler à grand'peine, lorsque Michele avait appris que Salvato était prisonnier du beccaïo et avait deviné le danger qu'il courait.

Par bonheur, se croyant absolument maître de la ville aux cris de désolation que l'on poussait de tous côtés, le beccaïo n'avait point songé à poser des sentinelles, de sorte que Michele avait pu s'approcher de la maison où on lui avait dit que Salvato était prisonnier.

Arrivé là, il était monté sur les débris des meubles brisés, était parvenu à la hauteur des fenêtres du rez-de-chaussée et avait pu voir le beccaïo passant la corde au cou de Salvato.

Il avait alors fort judicieusement jugé qu'il n'y

avait pas de temps à perdre; il avait visé le beccaïo et avait fait feu en criant

— A l'aide du général Salvato!

Puis, le premier, il s'était élancé; tous l'avaient suivi, faisant feu chacun de l'arme qu'il avait en ce moment : celui-ci de son fusil, celui-là de son pistolet.

Le premier soin de Michele, une fois dans la salle à manger, fut de ramasser une torche jetée par un sanfédiste et qui avait continué de brûler, quoique dans la position horizontale; de sauter sur la table et de secouer la torche pour éclairer l'appartement jusque dans ses profondeurs.

C'est alors qu'il avait vu clair sur le champ de bataille, qu'il avait reconnu le beccaïo râlant à ses pieds, distingué deux ou trois cadavres, quatre ou cinq blessés se traînant dans leurs sang et cherchant à s'appuyer contre la muraille; Salvato, le couteau à la main droite et prêt au combat, tandis qu'il protégeait de la main gauche un homme qu'à son grand etonnement il reconnut peu à peu pour maître Donato.

Si intelligent que fût Michele, il avait peine à s'expliquer le dernier groupe. Comment Salvato, qu'il venait de voir, cinq minutes auparavant, la corde au cou et les poignets liés, se retrouvait-il libre et le couteau à la main? et comment enfin le bourreau, qui ne pouvait être venu là que pour pendre Salvato, se trouvait-il protégé par lui?

En deux mots, Michele fut au courant de ce qui s'était passé; mais l'explication ne fut donnée qu'après que Salvato se fut jeté dans ses bras.

C'était la contre-partie de la scène du largo del Pigne, quand Salvato avait sauvé la vie à Michele qu'on allait fusiller. Cette fois, c'était Michele qui avait sauvé la vie à Salvato qu'on allait pendre.

— Ah! ah! fit Michele lorsqu'il eut su, par maître Donato lui-même, comment il avait été invité à la fête et ce qu'il y était venu faire, il ne sera pas dit, compère, qu'on t'aura dérangé pour rien. Seulement, au lieu de pendre un honnête homme et un brave officier, tu vas pendre un misérable assassin, un vil bandit.

— Colonel Michele, répondit maître Donato, je ne me refuse pas plus à votre demande que je ne m'étais refusé à celle du beccaïo, et je dois dire que je pendrai même avec moins de regret le beccaïo que ce brave officier. Mais je suis honnête homme avant tout, et, comme j'avais reçu du beccaïo dix ducats pour pendre ce jeune homme, je ne crois pas qu'il soit dans mes droits de garder les dix ducats quand ce n'est plus le jeune homme que je pends, mais lui-même. Vous êtes donc témoins, tous tant que vous êtes ici, que j'ai rendu au voisin ses dix ducats avant de me porter à aucune voie de fait contre lui.

Et, tirant les dix ducats de sa poche, il les aligna sur la table où le beccaïo était couché.

— Maintenant, dit-il s'adressant à Salvato, je suis prêt à obéir aux ordres de Votre Seigneurie.

Et, prenant la corde qu'un instant auparavant il tenait pour la passer au cou de Salvato, il s'apprêta à la passer au cou du beccaïo, n'attendant qu'un signe de Salvato pour commencer l'opération.

Salvato étendit son regard calme sur tous les assistants, amis comme ennemis.

— Est-ce en effet à moi de donner des ordres ici ? demanda-t-il, et, si j'en donne, seront-ils exécutés ?

— Là où vous êtes, général, dit Michele, personne ne peut songer à commander, et personne, vous commandant, n'aurait l'audace de désobéir.

— Eh bien, alors, reprit Salvato, tu vas me reconduire avec tes hommes jusqu'au Château-Neuf ; car, ayant des ordres de la plus haute importance à faire passer à Schipani, il est important que j'arrive le plus promptement possible, et sain et sauf. Pendant ce temps-là, maître Donato...

— Grâce ! murmura le beccaïo, qui croyait entendré sortir de la bouche du jeune homme la sentence de mort, grâce ! je me repens.

Mais lui, sans l'écouter, continua :

— Pendant ce temps, vous ferez porter cet homme chez lui, et vous veillerez à ce que tous les soins que nécessite sa blessure lui soient donnés. Cela lui apprendra peut-être qu'il y a des hommes qui combattent et qui tuent, et des gens qui assassinent et qui pendent. Seulement, comme les abominables actions de ces derniers sont contraires aux saintes volontés du Seigneur, ils n'assassinent qu'à moitié et ne pendent pas du tout.

Puis, tirant de sa poche un papier de banque :

— Tenez, maître Donato, dit-il, voici une police de cent ducats pour vous indemniser des vingt ducats que vous avez perdus.

Maître Donato prit les cent ducats d'un air mélancolique qui donnait à sa figure une expression plus grotesque que sentimentale.

— Vous m'aviez promis autre chose que de l'argent si vous aviez les mains libres, Excellence.

— C'est vrai, dit Salvato, je t'avais promis ma main, et, comme un honnête homme n'a que sa parole, la voici.

Maître Donato saisit la main du jeune officier avec reconnaissance et la baisa avec effusion.

Salvato la lui laissa quelques secondes, sans que sa physionomie exprimât la moindre répugnance, et, quand maître Donato la lui eut rendue :

— Allons, Michele, dit-il, nous n'avons pas un instant à perdre : rechargeons les fusils, et droit au Château-Neuf !

Et en effet, Salvato et Michele, à la tête des lazzaroni libéraux qui venaient de seconder ce dernier dans la délivrance du prisonnier, s'élancèrent dans la strada dei Tribunali, gagnèrent la rue de Tolède par Porta-Alba et le Mercatello, la suivirent jusqu'à la strada de Santa-Anna-dei-Lombardi, et prirent enfin celles de Monte-Oliveto et de Medina, qui les conduisirent droit à la porte du Castello-Nuovo.

Lorsque Salvato se fut fait reconnaître, il apprit que l'événement qui venait de lui arriver était déjà parvenu aux oreilles des patriotes enfermés dans le château et que le gouverneur Massa venait de donner l'ordre à une patrouille de cent hommes de partir au pas de course et d'aller le délivrer.

Salvato songea dans quelle inquiétude devait être Luisa, si la nouvelle de son arrestation était parvenue jusqu'à elle ; mais, toujours esclave de son devoir, il chargea Michele d'aller la rassurer, tandis qu'il aviserait avec le directoire aux moyens de faire passer à Schipani les ordres de son général en chef.

En conséquence, il monta droit à la salle où les directeurs tenaient leurs séances. A sa vue, un cri de joie s'échappa de toutes les poitrines. On le savait pris, et, comme on connaissait, en pareille occasion, la rapidité d'exécution des lazzaroni, on le croyait fusillé, poignardé ou pendu.

On voulut le féliciter, mais lui :

— Citoyens, dit-il, nous n'avons pas une minute à perdre. Voici l'ordre de Bassetti en duplicata, prenez-en connaissance et veillez, en ce qui vous regarde, à ce qu'il soit exécuté. Je vais, si vous le voulez bien, m'occuper, moi, de trouver des messagers pour le porter.

Salvato avait une manière claire et résolue de présenter les choses qui ne permettait que l'acceptation ou le refus. Dans cette circonstance, il n'y avait qu'à accepter. Les directeurs acceptèrent, gardèrent un double de l'ordre, pour le cas où le premier serait intercepté, et remirent l'autre à Salvato.

Salvato, sans perdre une seconde, prit congé d'eux, descendit rapidement, et, sûr de retrouver Michele près de Luisa, il courut à l'appartement vers lequel, il n'en doutait pas, l'appelaient les vœux les plus ardents.

Et, en effet, Luisa l'attendait sur le seuil de la porte. Dès qu'elle aperçut son amant, un long cri de « Salvato! » s'élança de la bouche de la jeune femme. Elle était dans les bras de celui qu'elle attendait, que, les yeux fermés, le cœur palpitant, renversée en arrière, comme si elle allait s'évanouir, elle murmurait encore :

— Salvato ! Salvato !

Ce nom qui, en italien, veut dire *sauvé*, avait, dans la bouche de la jeune femme, la double tendresse de sa double signification, c'est-à-dire, qu'il alla, frémissant, éveiller jusqu'aux dernières fibres cœur de celui qu'il appelait.

Salvato prit Luisa dans ses bras et l'emporta dans sa chambre, où, comme il l'avait présumé, l'attendait Michele.

Puis, quand la San-Felice fut un peu revenue à elle, que son cœur, encore bondissant dans sa poitrine, mais se calmant peu à peu, eut permis au cerveau de reprendre le fil de ses idées momentanément interrompu :

— Tu l'as bien remercié, n'est-ce pas, lui dit Salvato, ce cher Michele? Car c'est à lui que nous devons le bonheur de nous revoir. Sans lui, à cette heure, au lieu de serrer entre tes bras un corps vivant qui t'aime, te répond, vit de ta vie et frissonne sous tes baisers, tu ne tiendrais qu'un cadavre froid, inerte, insensible, et avec lequel tu tenterais vainement de partager cette flamme précieuse qui, une fois éteinte, ne se rallume plus!

— Mais non, dit avec étonnement Luisa ; il ne m'a rien dit de tout cela, le mauvais garçon ! Il m'a dit seulement que tu étais tombé aux mains des sanfédistes, et que, grâce à ton courage et à ton sang-froid, tu t'en étais tiré.

— Eh bien, dit Salvato, connais enfin ton frère de lait pour un affreux menteur. Moi, je m'étais laissé prendre comme un sot, et j'allais être pendu comme un chien, lorsque... Mais attends : sa punition va être de te raconter la chose lui-même.

— Mon général, dit Michele, le plus pressé, je crois, est de faire passer la dépêche au général Schipani : elle doit être d'une certaine importance, à en juger par le danger que vous avez affronté pour vous la procurer. Il y a une barque en bas prête à partir au premier ordre que vous donnerez.

— Es-tu sûr de ceux qui la montent?

— Autant qu'un homme peut l'être d'autres hommes; mais au nombre des matelots, déguisé en matelot, sera Pagliucella, dont je suis sûr comme de moi-même. Je vais expédier la barque et la dépêche. Vous, pendant ce temps-là, raconte à Luisa comment je vous ai sauvé la vie : vous raconterez la chose beaucoup mieux que moi.

Et, poussant Luisa dans les bras de Salvato, il referma la porte sur les deux amants, et descendit l'escalier en chantant la chanson, si populaire à Naples, des *Souhaits*, et qui commence par ce couplet :

> Que ne suis-je, hélas ! l'enfant sans demeure
> Qui marche courbé sous son tombereau !
> Devant ton palais, j'irais à toute heure
> Criant : « Voici l'eau ! Je suis porteur d'eau. »
> Tu dirais : « Quel est cet enfant qui crie ?
> De cette eau qu'il vend qu'il me monte un seau. »
> Et je répondrais : « Cruelle Marie,
> Ce sont pleurs d'amour et non pas de l'eau! »

LXVI

LA NUIT DU 13 AU 14 JUIN

La nuit du 13 au 14 juin descendit sombre sur cette plage couverte de cadavres et sur ces rues rouges de sang.

Le cardinal Ruffo avait réussi dans son projet : avec son histoire de cordes et son apparition de saint Antoine, il était arrivé à allumer la guerre civile au cœur de Naples.

Le feu avait cessé au pont de la Madeleine et sur la plage de Portici et de Resina; mais on se fusillait dans les rues de Naples.

Les patriotes, voyant que l'on avait commencé à égorger dans les maisons, avaient résolu de ne pas attendre chez eux une mort sans vengeance.

Chacun s'était donc armé, était sorti et s'était réuni au premier groupe qu'il avait rencontré, et, à chaque coin de rue où se rencontrait une patrouille de patriotes et une bande de lazzaroni, on échangeait des coups de fusil.

Ces coups de fusil, qui avaient leur écho jusque dans le Château-Neuf, semblaient, comme autant de remords, venir dire à Salvato qu'il y avait quelque chose de mieux à faire que de dire à sa maîtresse qu'on l'aime, lorsque la ville est abandonnée à une populace sans frein comme sans pitié.

D'ailleurs, il lui pesait lourdement d'avoir été deux heures le jouet de trente lazzaroni et de ne pas encore s'être vengé de cet affront.

Michele, qui le fit demander, lui fut un prétexte pour sortir.

Michele venait lui annoncer qu'il avait vu la barque se mettre en mer et Pagliucella prendre place au gouvernail.

— Maintenant, lui dit Salvato, sais-tu où bivaquent Nicolino et ses hussards?

— A l'Immacolatella, répondit Michele.

— Où sont tes hommes? demanda Salvato.

— Ils sont en bas, où je leur ai fait donner à boire et à manger. Ai-je mal fait?

— Non pas, et, au contraire, ils ont bien gagné leur repos. Seulement, les crois-tu disposés à te suivre de nouveau?

— Je les crois disposés à descendre en enfer ou à monter à la lune avec moi, mais à la condition que vous leur direz un mot d'encouragement.

— Qu'à cela ne tienne. Allons!

Salvato et Michele entrèrent dans la salle basse où les lazzaroni buvaient et mangeaient.

A la vue de leur chef et du jeune officier, ils poussèrent des cris de « Vive Michele! Vive le général Salvato! »

— Mes enfants, leur dit Salvato, si vous étiez réunis au grand complet, combien seriez-vous?

— Six ou sept cents, au moins.

— Où sont vos compagnons?

— Heu! qui sait cela! répondirent deux autres lazzaroni en allongeant les lèvres.

— Est-il impossible de réunir vos compagnons?

— Impossible, non; difficile, oui.

— Si je vous donnais à chacun deux carlins par homme que vous réunirez, regarderiez-vous toujours la chose comme aussi difficile?

— Non; cela aiderait beaucoup.

— Voilà d'abord deux ducats par homme; c'est sur le pied de dix compagnons chacun. Vous êtes payés d'avance pour trois cents.

— A la bonne heure! voilà qui est parler. A votre santé, général!

Puis, d'une seule voix :

— Commandez, général, dirent-ils.

— Écoute bien ce que je vais dire, Michele, et fais exécuter ponctuellement ce que j'aurai dit.

— Vous pouvez être tranquille, mon général, je ne perdrai pas une de vos paroles.

— Que chacun de tes hommes, reprit Salvato, réunisse le plus qu'il pourra de compagnons et se fasse chef de la petite bande qu'il aura réunie; prenez rendez-vous à la strada del Tendeno; une fois là, comptez-vous; si vous êtes quatre cents, divisez-vous en quatre bandes; si vous êtes six cents, en six; dans les rues de Naples, des bandes de cent hommes peuvent résister à tout, et, si elles sont résolues, tout vaincre. Quand onze heures sonneront à Castel-Capuano, mettez-vous en marche en poussant tout ce que vous rencontrerez sur Tolède et en tirant des coups de fusil pour indiquer où vous êtes. Trouvez-vous cela trop difficile?

— Non, c'est bien facile, au contraire. Faut-il partir?

— Pas encore. Trois hommes de bonne volonté. Trois hommes se présentèrent.

— Vous êtes chargés tous trois de la même mission.

— Pourquoi trois hommes là où il n'est besoin que d'un?

— Parce que, sur trois hommes, deux peuvent être pris ou tués.

— C'est juste, dirent les lazzaroni, à qui ce langage ferme et tranchant donnait un surcroît de courage.

— Cette mission dont vous êtes chargés tous trois, c'est de parvenir, par où vous voudrez, par les chemins qu'il vous plaira de choisir, jusqu'au couvent de San-Martino, où sont réunis six ou sept cents patriotes que Mejean a refusé de recevoir à Saint-Elme : vous leur direz d'attendre onze heures.

— Nous le leur dirons.

— Aux premiers coups de fusil qu'ils jugeront partir de vos rangs, ils descendront sans résistance aucune; — ce n'est point de ce côté-là que sont les lazzaroni, — et ils barreront tous les petits vicoli par lesquels ceux que nos compagnons pousseront devant eux voudraient se réfugier dans le haut Naples. Pris entre deux feux, les sanfédistes se trouveront réunis et massés dans la rue de Tolède. Le reste me regarde.

— Du moment que le reste vous regarde, cela ne nous inquiète point.

— As-tu bien compris, Michele?

— Pardieu!

— Avez-vous bien compris, vous autres?

— Parfaitement.

— Alors, agissons.

On ouvrit la porte, on baissa les ponts-levis : les trois hommes chargés de monter au couvent Saint-Martin, dans le haut de la strada del Mala, partirent; les autres se divisèrent en deux troupes qui disparurent, l'une dans la strada Medina, l'autre dans la strada del Porte.

Quant à Salvato, il prit seul le chemin de l'Immacolatella.

Comme le lui avait dit Michele, Nicolino et ses hussards bivaquaient entre l'Immacolatella et le petit port où est aujourd'hui la Douane.

Il était gardé par des vedettes à cheval, placées du côté de la rue del Piliere, du côté de la strada Nuova et du côté de la strada Olivare.

Salvato se fit reconnaître des sentinelles et pénétra jusqu'à Nicolino.

Il était couché sur le lastrico, la tête sur la selle de son cheval; il avait près de lui une cruche et un verre d'eau.

C'étaient le lit et le souper de ce sybarite qu'un an auparavant le pli d'une feuille de rose empêchait de dormir et qui faisait manger son lévrier dans des plats d'argent.

Salvato l'éveilla. Nicolino demanda, d'assez mauvaise humeur, ce qu'on lui voulait.

Salvato se nomma.

— Ah! cher ami, lui dit Nicolino, il faut que ce soit vous qui m'ayez réveillé pour que je vous pardonne de m'avoir tiré d'un si charmant rêve. Imaginez-vous que je rêvais que j'étais le beau berger Pâris, que je venais de distribuer les pommes et que je buvais le nectar en mangeant l'ambroisie avec la déesse Vénus, qui ressemblait comme deux gouttes d'eau à la marquise de San-Clemente. Si vous avez des nouvelles d'elle, donnez-m'en.

— Aucune. A quel propos voulez-vous que j'aie des nouvelles de la marquise ?

— Pourquoi pas ? Vous aviez bien une lettre d'elle dans votre poche le jour où vous avez été assassiné.

— Trêve de plaisanterie, cher ami, il s'agit de parler de choses sérieuses.

— Je suis sérieux comme saint Janvier... Que voulez-vous de plus?

— Rien. Avez-vous une monture et un sabre à me donner?

— Une monture? Mon domestique doit être au bord de la mer avec mon cheval, à moi, et un second cheval de main. Quant à un sabre, j'ai trois ou quatre hommes assez grièvement blessés pour qu'ils vous laissent prendre le leur sans que cela leur fasse tort. Quant aux pistolets, vous en trouverez dans les fontes, et de tout chargés. Vous savez que je suis votre fournisseur de pistolets. Faites un aussi joyeux usage de ceux-ci que des autres, et je n'aurai rien à dire.

— Eh bien, cher ami, maintenant que tout est arrêté, je vais monter un de vos chevaux, ceindre le sabre d'un de vos hommes, prendre la moitié de vos hussards, et monter par Foria, tandis que vous remonterez par largo del Castello, et, quand nous serons aux deux bouts de Tolède, et que minuit sonnera, nous chargerons chacun de notre côté, et soyez tranquille : la besogne ne nous manquera point.

— Je ne comprends pas très-bien; mais n'importe, la chose doit être parfaitement arrangée puisqu'elle est arrangée par vous. Je sabre de confiance, c'est convenu.

Nicolino fit amener les deux chevaux ; Salvato prit le sabre d'un blessé, les deux jeunes gens se mirent en selle, et, comme il était convenu, avec chacun moitié des hussards, remontèrent vers Tolède, l'un par la strada Foria, l'autre par largo del Castello.

Et maintenant, tandis que les deux amis vont tâcher de prendre les lazzaroni sanfédites non-seulement entre deux feux, mais encore entre deux fers, nous allons franchir le pont de la Madeleine et entrer dans une petite maison d'aspect assez pittoresque, située entre le pont et les Graneli. Cette maison que l'on montre encore aujourd'hui comme celle qui fut habitée, pendant le siége, par le cardinal Ruffo, était ou plutôt, — car elle existe encore aujourd'hui en état de parfaite conversation, — est celle où il avait établi son quartier général.

Placé dans cette maison, il n'était qu'à une portée de fusil des avant-postes républicains ; mais il avait une partie de l'armée sanfédiste campée tout près de lui, sur le pont de la Madeleine, et au largo del Ponte. Ses avant-postes venaient jusqu'à via della Gabella.

Ces avant-postes étaient composés de Calabrais.

Or, les Calabrais étaient furieux.

Dans cette grande lutte qu'ils avaient engagée dans la journée, et dont le principal épisode avait été l'explosion du fort de Vigliana, les Calabrais n'avaient point été vaincus, c'est vrai, mais ne se regardaient point comme vainqueurs. Les vainqueurs, c'étaient ceux qui étaient morts héroïquement ; les vaincus, c'étaient ceux qui étaient revenus quatre fois à la charge sans pouvoir emporter le fort, qui avaient eu besoin, pour lui faire une brèche, des Russes et de leurs canons.

Aussi, ayant devant eux, à cent cinquante pas à peine le fort del Carmine, ils complotèrent tout bas de s'en emparer sans en demander l'autorisation à leurs chefs. La proposition avait été acceptée avec un tel enthousiasme, que les Turcs, qui campaient avec eux, leur avaient demandé, de faire partie de l'expédition. L'offre avait été accueillie et l'on s'était ainsi distribué les rôles.

Les Calabrais allaient s'emparer, les unes après les autres, de toutes les maisons qui séparaient la via della Gabella de la rue qui longeait le château del Carmine. Les étages supérieurs de la dernière maison donnant sur le château, ils dominaient les murailles du fort et, par conséquent, voyaient ses défenseurs à découvert. Au fur et à mesure que ses défenseurs s'approchaient de la muraille, ils les fusilleraient, et, pendant ce temps, les Turcs, cimeterre aux dents, escaladeraient les murailles en montant sur les épaules les uns des autres.

A peine ce plan fut-il arrêtée, que les assaillants le mirent à exécution. La journée avait été rude, et les défenseurs de la ville, croyant les soldats du cardinal aussi fatigués qu'eux, espéraient une nuit tranquille. Ceux qui occupaient les maisons les plus proches du fort, c'est-à-dire ceux qui formaient les avant-postes républicains, furent surpris dans leur sommeil et égorgés, et, en moins d'un quart d'heure, une cinquantaine de Calabrais, choisis parmi les meilleurs tireurs, se trouvaient établis au second, au troisième étage et sur la terrasse de la maison en avant de Fiumicello, c'est-à-dire à trente pas à peine du fort del Carmine.

Dès les premiers cris, dès les premières portes brisées, les sentinelles du fort avaient crié : « Alarme ! » et les patriotes étaient accourus sur la plate-forme de la citadelle, se croyant à l'abri derrière leurs créneaux ; mais tout à coup un feu plongeant éclata, et un ouragan de fer tomba sur eux.

Pendant ce temps, les Turcs étaient, en quelques bonds, arrivés au pied des murailles et avaient commencé l'escalade. Les assiégés ne pouvaient s'opposer à leur ascension qu'en se découvrant, et chaque homme qui se découvrait était un homme mort.

Une pareille lutte ne pouvait durer longtemps. Les patriotes qui restaient debout, sur la plate-forme de la forteresse jonchée de cadavres, avisèrent une porte de derrière ouvrant sur la place del Mercato, et, par la rue de la Conciana, gagnèrent d'un côté le quai, de l'autre la rue San-Giovanni, et se dispersèrent dans la ville.

Le cardinal, au bruit de cette terrible fusillade faite par les Calabrais sur les défenseurs du fort, avait cru à une attaque de républicains, avait fait battre la générale et se tenait prêt à tout événement, et il avait envoyé des coureurs s'informer d'où venait tout ce bruit, lorsque, tout enivrés de leurs succès, Turcs et Calabrais vinrent lui annoncer qu'ils étaient maîtres du fort.

C'était une grande nouvelle. Le cardinal ne pouvait plus être attaqué ni par Marinella ni par le Vieux-Marché, les canons du fort commandant ces deux passages; et, comme fra Pacifico venait de rentrer, ayant promené toute la journée sa bannière et laissant la ville en feu, le cardinal, en récompense de ses bons services, l'envoya, avec ses douze capucins, diriger l'artillerie du fort.

A peine avait-il donné cet ordre, qu'on lui annonça que l'on venait de prendre une barque qui, partie du Château-Neuf, paraissait se diriger vers le Granatello.

Celui qui paraissait le patron de la barque était porteur d'un billet dont on s'était emparé.

Le cardinal rentra chez lui et se fit amener le patron de la barque capturée.

Mais, au premier mot que le cardinal lui adressa, il répondit par un mot d'ordre qui appartenait à la famille Ruffo, à leurs domestiques et à leurs serviteurs en général, et qui était une espèce de sauf-conduit dans les occasions difficiles :

— *La Malaga è siempre Malaga.*

C'était déjà par ce mot de passe que l'ancien cuisinier Corcia s'était fait reconnaître, lorsqu'on l'avait, au camp des Russes, amené devant le cardinal.

En effet, au lieu de passer hors de vue, comme il lui était facile de le faire, le patron s'était approché du rivage, de manière à être remarqué, et enfin, au lieu de se diriger vers le Granatello, où il eût pu arriver avant ceux qui le poursuivaient, il avait poussé au large; de sorte qu'il avait été facile à la barque qui le poursuivait de le rejoindre, montée qu'elle était par six rameurs.

Quant à la lettre qu'il portait, rien ne lui eût été plus facile, s'il n'eût pas été dans les intérêts du cardinal, ou de la déchirer ou de la jeter à l'eau avec une balle de plomb qui l'eût entraînée au fond de la mer.

Au contraire, ce billet, il l'avait conservé et l'avait remis à l'officier sanfédiste, à la première requête qui lui avait été faite.

Cet officier sanfédiste était justement Scipion Lamarra, qui avait apporté la bannière de la reine au cardinal. Le cardinal le fit venir, et il confirma tout ce qu'avait dit le patron, déjà sauvegardé, du reste, par le mot d'ordre qu'il tenait de la sœur du cardinal même, c'est-à-dire de la princesse de Campana.

Ce mot d'ordre, il l'avait transmis, au reste, à tous ceux de ses compagnons sur lesquels il croyait pouvoir compter et qui, comme lui, jouaient les patriotes jusqu'au moment de jeter le masque.

Seulement, il annonça au cardinal que, sans doute par défiance de lui, le colonel Michele, qui l'avait envoyé au Granatello, avait placé dans sa barque un homme à lui qui n'était autre que son lieutenant Pagliucella. Au moment où la barque avait été accostée par ceux qui la poursuivaient, soit accident, soit ruse pour ne point être pris, Pagliucella était tombé ou s'était jeté à la mer et n'avait pas reparu.

Ceci parut au cardinal un détail d'une médiocre importance, et il demanda la lettre dont le patron était porteur.

Scipion Lamarra la lui remit.

Le cardinal la décacheta. Elle contenait les dispositions suivantes :

Le général Bassetti au général Schipani, au Granatello (1).

« Les destins de la République exigent que nous tentions un coup décisif et que nous détruisions en un seul combat cette masse de brigands agglomérés au pont de la Madeleine.

» En conséquence, demain, au signal qui vous sera donné par trois coups de canon tirés au Château-Neuf, vous vous dirigerez sur Naples avec votre armée. Arrivé à Portici, vous forcerez la position et passerez au fil de l'épée tout ce que vous trouverez devant vous. Alors, les patriotes de San-Martino feront une descente en même temps que ceux du château del Carmine, du Château-Neuf et du château de l'OEuf. Pendant que nous les attaquerons de trois côtés différents et de front, vous tomberez sur

(1) Nous répétons, pour la dixième fois, que ce qui est lettre ou ordre est toujours copié sur la pièce officielle.

les derrières de l'ennemi et les exterminerez. Toute notre espérance est en vous.

» Salut et fraternité.

» BASSETTI. »

— Eh bien, demanda le patron de la barque en voyant que pour la seconde fois le cardinal relisait la lettre avec plus d'attention encore que la première, *la Malaga est-elle toujours Malaga,* Votre Éminence?

— Oui, garçon, répondit le cardinal, et je vais te le prouver.

Se tournant alors vers le marquis Malaspina :

— Marquis, lui dit-il, faites donner à ce garçon cinquante ducats et un bon souper. Les nouvelles qu'il nous apporte valent bien cela.

Malaspina accomplit la partie de l'ordre que venait de donner le cardinal, en ce qui le concernait, c'est-à-dire remit les cinquante ducats au patron; mais, quant à la seconde partie, c'est-à-dire au souper, il le confia aux soins de Carlo Cuccaro, valet de chambre de Son Éminence.

A peine Malaspina fut-il rentré, que le cardinal fit écrire à de Cesare, qui était à Portici, de ne pas perdre de vue l'armée de Schipani. En conservant toutes les dispositions prises la veille, il lui envoyait un renfort de deux ou trois cents Calabrais et de cent

Russes, et il ordonnait en même temps à mille hommes des masses de se glisser sur les pentes du Vésuve, depuis Reniso jusqu'à Torre-de-Annunziata.

Ces hommes étaient destinés à fusiller l'armée de Schipani derrière de petits bois, des scories de lave et des quartiers de rocher, dont abonde le versant occidental du Vésuve.

De Cesare, en recevant la dépêche, ordonna, de son côté, au commandant des troupes de Portici de feindre de reculer devant Schipani et de l'attirer dans la ville. Une fois engouffré dans cette rue de trois lieues qui conduit de la Favorite à Naples, il lui couperait la retraite sur les flancs, tandis que les insurgés de Sorrente, de Castellamare et de la Cava l'attaqueraient par derrière et l'écraseraient.

Toutes ces mesures étaient prises pour le cas où la dépêche aurait été expédiée en double et où, le duplicata parvenant à Schipani, il exécuterait la manœuvre qui lui était ordonnée.

Le cardinal ne prenait point une précaution inutile. La dépêche n'avait pas été expédiée en double; mais elle allait l'être, et, pour son malheur, ce double, Schipani devait le recevoir.

LXVII

LA JOURNÉE DU 14 JUIN

Pagliucella n'était point tombé à la mer : Pagliucella s'était jeté à la mer.

Voyant les allures suspectes du patron, il avait compris que son colonel Michele avait mal placé sa confiance, et, comme Pagliucella nageait aussi bien que le fameux Pesce Colas, dont le portrait orne le marché au poisson de Naples, il avait piqué une tête, avait filé entre deux eaux, n'avait reparu à la surface de la mer que juste le temps de respirer, avait replongé de nouveau; puis, se jugeant hors de la portée de la vue, avait continué son chemin vers le môle, avec le calme d'un homme qui avait trois ou quatre fois gagné le pari d'aller de Naples à Procida en nageant.

Il est vrai que, cette fois, il nageait avec ses habits, ce qui est moins commode que de nager tout nu.

Il mit un peu plus de temps au trajet, voilà tout.

mais n'en aborda pas moins sain et sauf au môle, prit terre, se secoua et s'achemina vers le Château-Neuf.

Il y arrivait vers une heure du matin, juste au moment où Salvato y rentrait lui-même avec son cheval couvert de blessures, atteint de son côté de cinq ou six coups de couteau peu dangereux par bonheur, mais aussi avec ses pistolets déchargés et son sabre faussé et ne pouvant plus rentrer au fourreau ; ce qui prouvait que, s'il avait reçu des coups, il les avait rendus avec usure.

Mais, à la vue de Pagliucella, tout ruisselant d'eau, au récit de ce qui était arrivé et surtout de la façon dont les choses s'étaient passées, il ne songea plus à s'occuper de lui, il ne pensa qu'à remédier à l'accident qui était arrivé en envoyant un second messager et un second message.

Au reste, cet accident, Salvato l'avait prévu, puisque, on se le rappelle, il s'était fait donner l'ordre par duplicata.

En conséquence, il monta à la salle du directoire, lequel, nous l'avons dit, s'était déclaré en permanence. Deux membres sur cinq dormaient, tandis que trois, nombre suffisant pour prendre des décisions, veillaient toujours, s'entretenant au nombre voulu.

Salvato, qui semblait insensible à la fatigue, entra dans la salle, amenant derrière lui Pagliucella. Son habit était littéralement déchiqueté de coups de couteau, et, en plusieurs endroits, taché de sang.

Il raconta en deux mots ce qui était arrivé : comment, avec Nicolino et Michele, il avait étouffé l'émeute en pavant littéralement de morts la rue de Tolède. Il croyait donc pouvoir répondre de la tranquillité de Naples pour le reste de la nuit.

Michele, blessé au bras gauche d'un coup de couteau, était allé se faire panser.

Mais on pouvait compter sur lui pour le lendemain : la blessure n'était point dangereuse.

Son influence sur la patrie patriote des lazzaroni de Naples rendait sa présence nécessaire. Ce fut donc avec une grande satisfaction que les directeurs, apprirent que, dès le lendemain, il reprendrait ses fonctions.

Puis vint le tour de Pagliucella, qui s'était tenu modestement derrière Salvato tout le temps que celui-ci avait parlé.

En deux mots, il fit à son tour son récit.

Les directeurs se regardèrent.

Si Michele, lazzarone lui-même, avait été trompé par des mariniers de Santa-Lucca, sur qui pouvaient-ils compter, eux qui n'avaient sur ces hommes aucune influence de rang ni d'amitié ?

— Il nous faudrait, dit Salvato, un homme sûr qui pût aller en nageant d'ici au Granatello.

— Près de huit milles, dit un des directeurs.

— C'est impossible, dit l'autre.

— La mer est calme, quoique la nuit soit tombée, dit Salvato en s'approchant d'une fenêtre ; si vous ne trouvez personne, j'essayerai.

— Pardon, mon général, dit Pagliucella en s'approchant : vous avez besoin ici, vous ; c'est moi qui irai.

— Comment, toi ? dit Salvato en riant. Tu en reviens !

— Raison de plus : je connais la route.

Les directeurs se regardèrent.

— Si tu te sens la force de faire ce que tu offres, dit sérieusement cette fois Salvato, tu auras bien mérité de la patrie.

— J'en réponds, dit Pagliucella.

— Alors, prends une heure de repos, et que Dieu veille sur toi !

— Je n'ai pas besoin de prendre une heure de repos, répondit le lazzarone ; d'ailleurs, une heure de repos peut tout compromettre. Nous sommes aux plus courtes nuits de l'été, c'est-à-dire au 14 juin ; à trois heures, le jour va venir : pas une minute à perdre. Donnez-moi la seconde lettre, cousue dans un morceau de toile cirée ; je me la pendrai au cou comme une image de la Vierge ; je boirai un verre d'eau-de-vie avant que de partir, et, à moins que saint Antoine, mon patron, ne soit décidément passé aux sanfédistes, avant quatre heures du matin, le général Schipani aura votre lettre.

— Oh! s'il le dit, il le fera, dit Michele, qui venait d'ouvrir la porte et qui avait entendu la promesse de Pagliucella.

La présence de son camarade donna à Pagliucella une nouvelle confiance en lui-même. La lettre fut cousue dans un morceau de toile cirée et fermée hermétiquement ; puis, comme il était de la plus haute importance que personne ne vît sortir le messager, on le fit descendre par une fenêtre basse donnant sur la mer. Arrivé sur la plage, il se débarrassa de ses habits, et, liant seulement sur sa tête sa chemise et son caleçon, il se laissa couler à la mer.

Pagliucella l'avait dit, il n'y avait pas de temps à perdre. Il fallait échapper aux barques du cardinal et passer sans être vu au milieu de la croisière anglaise.

Tout réussit comme on pouvait l'espérer. Seulement, fatigué de sa première course, Pagliucella fut obligé d'aborder à Portici : par bonheur, le jour n'était pas encore venu, et il put suivre le rivage jusqu'au Granatello, toujours prêt, au moindre danger, à se rejeter à la mer.

Les patriotes avaient eu raison de compter sur le courage de Schipani; mais, on le sait d'avance, il ne fallait pas compter sur autre chose que son courage.

Il reçut de son mieux le messager, lui fit servir à boire, à manger, le coucha dans son propre lit, et ne s'occupa plus que d'exécuter les ordres du directoire.

Pagliucella ne lui cacha aucun des détails de la première expédition manquée et de la barque surprise par le cardinal. Schipani put donc comprendre, et, d'ailleurs, Pagliucella insista fort là-dessus, que le cardinal, étant au courant de son projet de marcher sur Naples, s'y opposerait par tous les moyens possibles. Mais les gens du caractère de Schipani ne croient pas aux obstacles matériels, et, de même qu'il avait dit : « Je prendrai Castelluccio, » il dit : « Je forcerai Portici. »

A six heures, sa petite armée, se composant de quatorze à quinze cents hommes, fut sous les armes et prête à partir. Il passa dans les rangs des patriotes, s'arrêta au centre, monta sur un tertre qui lui permettait de dominer ses soldats, et, là, avec cette sauvage et puissante éloquence si bien en harmonie avec sa force d'hercule et son courage de lion, il leur rappela leurs fils, leurs femmes, leurs amis, exposés au mépris, abandonnés à l'opprobre, demandant vengeance et attendant de leur courage et de leur dévouement la fin de leurs maux et de leur oppression. Enfin, leur lisant la lettre et particulièrement le passage où Bassetti lui annonçait, ignorant la prise du château del Carmine, la quadruple sortie qui devait seconder son mouvement, il leur montra les patriotes les plus purs, l'espérance de la République, venant au-devant d'eux sur les cadavres de leurs ennemis.

A peine avait-il terminé ce discours, qu'à intervalles égaux trois coups de canon retentirent du côté de Castello-Nuovo, et que l'on vit trois fois une légère fumée paraître et s'évaporer au-dessus de la tour du Midi, la seule qui fût en vue de Schipani.

C'était le signal. Il fut accueilli aux cris de « Vive la République! La liberté ou la mort! »

Pagliucella, armé d'un fusil, vêtu de son caleçon et de sa chemise seulement, — ce qui, au reste, était son costume habituel avant qu'il fût élevé par Michele aux honneurs de la lieutenance, — prit place dans les rangs; les tambours donnèrent le signal de la charge, et l'on s'élança sur l'ennemi.

L'ennemi, nous l'avons dit, avait ordre de laisser Schipani s'engager dans les rues de Portici. Mais, n'eût-il pas eu cet ordre, la fureur avec laquelle le général républicain attaqua les sanfédistes lui eût ouvert le passage, tant qu'il n'eut eu que des hommes pour le lui fermer.

Dans ces sortes de récits, c'est chez l'ennemi qu'il faut aller chercher des renseignements; car lui n'est pas intéressé à louer le courage de ses adversaires.

Voici ce que dit de ce choc terrible Vicenzo Durante, aide de camp de Cesare, dans le livre où il raconte la campagne de l'aventurier corse :

« L'audacieux chef de cette troupe de désespérés s'avançait menaçant et furieux, frappant avec rage la terre de ses pieds et semblable au taureau qui répand la terreur par ses mugissements. »

Mais, nous l'avons dit, malheureusement Schipani avait les défauts de ses qualités. Au lieu de jeter des éclaireurs sur ses deux ailes, éclaireurs qui eussent fait lever les tirailleurs embusqués par de Cesare, il négligea toute précaution, força les passages de Torre-del-Greco et de la Favorite, et s'engagea dans la longue rue de Portici, sans même remarquer que toutes les portes et toutes les fenêtres étaient fermées.

La petite et longue ville de Portici ne se compose, en réalité, que d'une rue. Cette rue, en supposant que l'on vienne de la Favorite, tourne si brusquement à gauche, qu'il semble, à une distance de cent pas, qu'elle est fermée par une église qui s'élève juste en face du voyageur. On dirait alors qu'elle n'a d'autre issue qu'une ruelle étroite ouverte entre l'église et la file de maisons qui continue en droite ligne. Arrivé à quelques pas de l'église seulement, on reconnaît à gauche le véritable passage.

C'était là, dans cette espèce d'impasse, que de Cesare attendait Schipani.

Deux canons défendaient l'entrée de la ruelle et plongeaient dans toute la longueur de la rue par laquelle les républicains devaient arriver, tandis qu'une barricade crénelée, réunissant l'église au côté gauche de la rue, présentait, même sans défenseurs, un obstacle presque insurmontable.

De Cesare et deux cents hommes se tenaient dans l'église; les artilleurs, s'appuyant à trois cents hommes, défendaient la ruelle; cent hommes étaient embusqués derrière la barricade; enfin, mille hommes, à peu près, occupaient les maisons dans la double longueur de la rue.

Au moment où Schipani, chassant tout devant lui, ne fut plus qu'à cent pas de cette embuscade, au signal donné par les deux pièces de canon chargés à mitraille, tout éclata à la fois.

La porte de l'église s'ouvrit et, tandis que l'on voyait le chœur illuminé comme pour l'exposition du saint-sacrement, et, devant l'autel, le prêtre levant l'hostie, l'église, pareille à un cratère qui se déchire, vomit le feu et la mort.

Au même instant, toutes les fenêtres s'enflammèrent, et l'armée républicaine, attaquée de face, sur ses flancs, sur ses derrières, se trouva dans une fournaise.

La ruelle, défendue par les deux pièces de canon, pouvait seule être forcée. Trois fois, Schipani, avec une troupe décimée chaque fois, revint à la charge, conduisant ses hommes jusqu'à la gueule des pièces, qui alors éclataient et emportaient des files entières.

À la troisième fois, il détacha cinq cents hommes de huit ou neuf cents qui lui restaient, leur ordonna de faire le tour par le rivage de la mer et de charger la batterie par la queue, tandis que lui l'attaquerait de face.

Mais, par malheur, au lieu de confier cette mission aux plus dévoués et aux plus braves, Schipani, avec son imprudence ordinaire, en chargea les premiers venus. Pour ce patriote d'élite, tous les hommes avaient le même cœur, c'est-à-dire le sien. Les hommes envoyés par lui pour attaquer les sanfédistes firent la manœuvre commandée; mais, au lieu d'attaquer les sanfédistes, ils se réunirent à eux aux cris de « Vive le roi! »

Schipani prit ces cris pour un signal. Il chargea une quatrième fois; mais, cette quatrième fois, il fut reçu par un feu plus violent encore que les trois autres, puisqu'il était renforcé de celui de ses cinq cents hommes. La petite troupe, fouillée de tous côtés par les boulets et les balles, tourbillonna comme si elle eût eu le vertige, puis, réduite à sa dixième partie, sembla s'évanouir comme une fumée.

Schipani restait avec une centaine d'hommes éparpillés; il parvint à les rallier, se mit à leur tête, et, désespérant de passer, se retourna comme un sanglier qui revient sur le chasseur.

Soit respect, soit terreur, la masse qui lui coupait la retraite s'ouvrit devant lui; mais il passa entre un double feu.

Il y laissa la moitié de ses hommes, et, toujours poursuivi, avec trente ou quarante seulement, il arriva à Castellamare. Il avait deux blessures : une au bras, l'autre à la cuisse.

Là, il se jeta dans une ruelle. Une porte était ouverte : il y entra. Par bonheur, c'était celle d'un patriote, qui le reconnut, le cacha, pansa ses blessures et lui donna d'autres habits.

Le même jour, Schipani ne voulant pas plus longtemps compromettre ce généreux citoyen, prit congé de lui et, la nuit venue, se jeta dans la montagne.

Il erra ainsi deux ou trois jours; mais, reconnu pour ce qu'il était, il fut arrêté et conduit à Procida avec deux autres patriotes, Spano et Battistessa.

On se rappelle que c'était Speciale, cet homme qui avait fait à Troubridge l'effet de la plus venimeuse bête qu'il eût jamais vue, qui jugeait à Procida.

Finissons-en avec Schipani, comme nous en aurons bientôt fini avec tant d'autres, et faisons du même coup connaissance avec Speciale par une de ces atrocités qui peignent mieux un homme que toutes les descriptions que l'on en pourrait faire.

Spano était un officier dont les services dataient de la monarchie; la République en avait fait un général, chargé de s'opposer à la marche de Cesare : il avait été surpris par un détachement sanfédiste et fait pris nnier.

Battistessa avait occupé une position plus obscure; il avait trois enfants et passait pour un des plus honnêtes citoyens de Naples : le cardinal Ruffo s'approchant, sans bruit, sans ostentation, il avait pris son fusil et s'était mis dans les rangs des patriotes, où il s'était battu avec le franc courage de l'homme véritablement brave.

Nul au monde n'avait un reproche à lui faire.

Il avait obéi à l'appel de son pays, voilà tout. Il est vrai qu'il y a des moments où cela mérite la mort, et quelle mort! Vous allez voir.

Que l'on ne s'étonne pas que, quand celui qui écrit ces lignes sort du roman pour retomber dans l'histoire, il s'indigne et éclate en imprécations. Jamais, dans les terribles conceptions de la fièvre, il n'inventerait ce qu'il a vu repasser sous ses yeux le jour où il a mis la main dans ce charnier royal de 99.

Les prisonniers, par jugement de Speciale, furent tous trois condamnés à mort.

Cette mort, c'était le gibet, mort déjà terrible par l'idée infamante que l'on attache à la corde.

Mais une circonstance rendit la mort de Battistessa plus terrible encore qu'on n'avait pu le prévoir.

Après être restés vingt-quatre heures suspendus au gibet, les corps de Battistessa, de Spano et de Schipani furent exposés dans l'église de Spirito-Santo, à Ischia.

Mais, une fois couché sur le lit funéraire, le corps de Battistessa poussa un soupir, et le prêtre s'aperçut, avec un étonnement mêlé d'épouvante, que cette longue suspension n'avait point amené la mort.

Un râle sourd, mais continu, attestait la persistance de la vie, en même temps que l'on voyait sa poitrine s'abaisser et se soulever.

Peu à peu, il reprit ses sens et revint entièrement à lui.

L'avis de tous était que cet homme, qui avait été supplicié, en avait fini avec la mort, laquelle, pendant vingt-quatre heures, l'avait tenu entre ses bras; mais personne, pas même le prêtre, dont c'était peut-être le devoir d'avoir du courage, n'osa rien décider sans prendre les ordres de Speciale.

On envoya, en conséquence, un message à Procida.

Que l'on se figure l'angoisse d'un malheureux qui sort du tombeau, qui revoit le jour, le ciel, la nature, qui se reprend à la vie, qui respire, qui se souvient, qui dit : « Mes enfants ! » et qui pense que tout cela n'est peut-être qu'un de ces rêves du trépas que Hamlet craint de voir survivre à la vie.

C'est Lazare ressuscité, qui a embrassé Marthe, remercié Madeleine, glorifié Jésus, et qui sent retomber sur son crâne la pierre du tombeau.

Ce fut ce qu'éprouva, ce que dut éprouver du moins le malheureux Battistessa en voyant revenir le messager accompagné du bourreau.

Le bourreau avait ordre de tirer Battistessa de

l'église, qui, pour servir les vengeances d'un roi, cessait d'avoir droit d'asile; puis, sur les marches, il devait, pour qu'il n'en revînt pas, cette fois, le poignarder à coups de couteau.

Non-seulement, le juge ordonnait le supplice; mais il l'inventait : un supplice à sa fantaisie, un supplice qui n'était pas dans la loi.

L'ordre fut exécuté à la lettre.

Et que l'on dise que la main des morts n'est pas plus puissante que celle des vivants pour renverser les trônes des rois qui ont envoyé au ciel de pareils martyrs !

Revenons à Naples.

Le désordre était si grand à Naples, que pas un des fugitifs échappé au massacre du château des Carmes n'avait eu l'idée d'aller prévenir le directoire que ce château était tombé au pouvoir des sanfédistes.

Le commandant du Château-Neuf, qui ignorait ce qui s'était passé pendant la nuit, tira donc, à sept heures du matin, comme la chose en était convenue, les trois coups de canon qui devaient servir de signal à Schipani.

On a vu le fâcheux résultat de son mouvement.

A peine les trois coups de canon étaient-ils tirés, que l'on vint annoncer aux commandants des châ-

teaux et aux autres officiers supérieurs que le fort del
Carmine était pris et que les canons, au lieu de continuer à être tournés vers le pont de la Madeleine,
étaient retournés vers la strada Nuova et contre la
place du Marché-Vieux, c'est-à-dire qu'ils mena-
çaient la ville au lieu de la défendre.

Il n'en fut pas moins décidé qu'au moment où
l'on verrait Shipani et sa petite armée sortir de Portici, au risque de ce qui pourrait arriver, on marcherait, pour faire une diversion, sur le camp du
cardinal Ruffo.

C'était du Château-Neuf que le signal de la descente de San-Martino et de la sortie des châteaux
devait être donné. Aussi, les officiers supérieurs au
nombre desquels était Salvato, se tenaient-ils, la lunette en main, l'œil fixé sur Portici.

On vit partir du Granatello une espèce de tourbil-
lon de poussière au milieu duquel brillaient des jets
de flamme.

C'était Schipani marchant sur la Favorite et sur
Portici.

On vit les patriotes s'engouffrer dans la longue rue
que nous avons décrite; puis on entendit gronder
le canon; puis un nuage de fumée monta par-dessus
les maisons.

Pendant deux heures, les détonations de l'artillerie

se succédèrent, séparées par le seul intervalle nécessaire pour recharger les pièces ; et la fumée, toujours plus épaisse, continua de monter au ciel ; puis ce bruit s'éteignit, la fumée se dissipa peu à peu. On vit, sur les points où la route était découverte, un mouvement en sens inverse de celui que l'on avait vu il y avait trois heures.

C'était Schipani qui, avec ses trente ou quarante hommes, regagnait Castellamare.

Tout était fini.

Michele et Salvato s'obstinaient seuls à suivre, en parlant bas et en se le montrant l'un à l'autre, chaque fois qu'il reparaissait à la surface de l'eau, un point noir qui allait se rapprochant.

Quand ce point ne fut plus qu'à une demi-lieue, à peu près, il leur sembla voir, de temps en temps, sortir de l'eau une main qui leur faisait des signes.

Depuis longtemps, tous deux avaient, dans ce point noir, cru reconnaître la tête de Pagliucella. En voyant les signes qu'il faisait, une même idée les frappa tous deux : c'est qu'il appelait au secours.

Ils descendirent précipitamment, s'emparèrent d'une barque qui servait à communiquer du Château-Neuf au château de l'Œuf, s'y jetèrent tous deux, saisirent chacun une rame, et, réunissant leurs efforts, doublèrent la lanterne.

La lanterne doublée, ils regardèrent autour d'eux et ne virent plus rien.

Mais, au bout d'un instant, à vingt-cinq ou trente pas d'eux seulement, la tête reparut. Cette fois, ils n'eurent plus de doute : c'était bien Pagliucella.

La face était livide, les yeux sortaient de leur orbite, la bouche s'ouvrait pour crier et appeler du secours.

Il était évident que le nageur était au bout de ses forces et se noyait.

— Ramez seul, mon général, cria Michele : je serai plus promptement près de lui en nageant qu'en ramant.

Puis, jetant bas ses habits, Michele s'élança à la mer.

De cette seule impulsion, il franchit sous l'eau la moitié de la distance qui les séparait de Pagliucella, et reparut à une douzaine de mètres de lui.

— Courage ! lui cria-t-il en reparaissant.

Pagliucella voulut répondre : l'eau de la mer s'engouffra dans sa bouche, il disparut.

Michele plongea aussitôt et fut dix ou douze secondes sans reparaître.

Enfin la mer bouillonna, la tête de Michele fendit l'eau ; il fit un effort pour revenir entièrement à la surface; mais, se sentant enfoncer à son tour, il n'eut que le temps de crier :

— A nous, mon général ! à l'aide ! au secours !

En deux coups de rame, Salvato fut à une longueur d'aviron de lui; mais, au moment où il étendait la main pour le saisir aux cheveux, Michele s'enfonça, entraîné dans le gouffre par une force invisible.

Salvato ne pouvait qu'attendre : il attendit.

Un nouveau bouillonnement apparut à l'avant de la barque : Salvato s'allongea presque entièrement en dehors et saisit Michele par le collet de sa chemise.

Attirant la barque à lui avec ses genoux, il maintint la tête du lazzarone hors de l'eau jusqu'à ce qu'il eût repris sa respiration.

Avec la respiration revint le cœur.

Michele se cramponna à la barque, qu'il pensa faire chavirer.

Salvato se porta rapidement de l'autre côté pour faire contre-poids.

— Il me tient, balbutia Michele, il me tient !

— Tâche de monter avec lui dans la barque, lui répondit Salvato.

— Aidez-moi, mon général, en me donnant la main; mais ayez soin de passer du côté opposé !

Tout en restant assis sur le banc de bâbord, Salvato étendit la main jusqu'à tribord.

Michele saisit cette main.

— Alors, avec sa merveilleuse vigueur, Salvato tira Michele à lui.

En effet, Pagliucella le tenait à bras-le-corps et avait paralysé tous ses mouvements.

— Corps du Christ! s'écria Michele en enjambant avec peine par-dessus le bordage du bateau, peu s'en est fallu que je ne fisse mentir la prophétie de la vieille Nanno, et c'eût été à mon ami Pagliucella que j'en eusse eu l'obligation ! Mais il paraît que décidément celui qui doit être pendu ne peut pas se noyer. Je ne vous en remercie pas moins, mon général. Il est dit que nous jouons à nous sauver la vie. Vous venez de gagner la belle, ce qui fait que je reste votre obligé. La! maintenant, occupons-nous de ce gaillard-là.

Il s'agissait, comme on le comprend bien, de Pagliucella. Il était sans connaissance et le sang coulait d'une double blessure : une balle, sans attaquer l'os, lui avait traversé les muscles de la cuisse.

Salvato jugea que ce qu'il y avait de mieux à faire, c'était de ramer vigoureusement vers le Château-Neuf et de remettre Pagliucella, qui donnait des signes non équivoques de vie, aux mains d'un médecin.

En abordant au pied de la muraille, ils trouvèrent un homme qui les attendait : c'était le docteur Cirillo, qui avait cherché, la nuit précédente, un refuge au Château-Neuf.

Il avait suivi des yeux et dans ses moindres détails le drame qui venait de se passer, et il venait, comme le *Deus ex machinâ*, en faire le dénoûment.

Grâce à des couvertures chaudes, à des frictions d'eau-de-vie camphrée, à des insufflations d'air dans les poumons, Pagliucella revint bientôt à lui, et put raconter l'effroyable boucherie à laquelle il avait échappé par miracle.

Il venait d'achever le récit qui ne laissait plus aux patriotes de Naples d'autre ressource que de se défendre, à l'abri des forts, jusqu'à la dernière extrémité, et le docteur Cirillo pansait la plaie de la cuisse, à laquelle la fraîcheur de l'eau et surtout le danger qu'il avait couru avaient empêché le blessé de songer jusqu'alors, lorsqu'on vint annoncer que Bassetti, attaqué à Capodichino par Fra-Diavolo et Mammone, avait été obligé de se mettre en retraite, et, poursuivi vigoureusement, rentrait en désordre dans la ville.

Les lazzaroni, disait-on, avaient dépassé la strada dei Studi et étaient au largo San-Spirito.

Salvato sauta sur un fusil, Michel en fit autant; ils sortirent du Château-Neuf avec deux ou trois patriotes, en recrutèrent quelques-uns encore au largo del Castello. Michele, avec ses lazzaroni campés strada Medina, s'élança strada dei Lombardi, afin de déboucher à Tolède, un peu avant le Mercatello; Salvato tourna par Saint-Charles et l'église Saint-Ferdinand pour rallier les hommes de Bassetti, qui, disait-on, fuyaient dans Tolède en criant à la trahison, envoya deux ou trois messagers aux patriotes de San-Martino, afin qu'ils descendissent de leur hauteur et appuyassent son mouvement; puis il s'élança de son côté dans la rue de Tolède, qui, en effet, était pleine de cris, de désordre et de confusion.

Pendant quelque temps, ce fleuve que conduisait Salvato coula entre deux remous de fuyards éperdus. Mais, en voyant ce beau jeune homme, la tête nue, les cheveux flottants, le fusil à la main, les encourageant dans leur langue, les rappelant au combat, ils commencèrent à rougir de leur panique, puis s'arrêtèrent et osèrent regarder derrière eux.

Les sanfédistes barraient la rue au bas de la montée dei Studi, et l'on voyait au premier rang Fra-Diavolo, avec son costume élégant et pittoresque, et Gaetano Mammone avec ses pantalons et sa veste de meunier, autrefois blancs et couverts de farine, aujourd'hui rouges et dégouttants de sang.

A la vue de ces deux formidables chefs de masses, la terreur de la Terre de Labour, il y eu un mouvement d'hésitation parmi les patriotes. Mais, en ce moment, par bonheur, Michele débouchait par la via dei Lombardi, et l'on entendait battre la charge dans la rue de l'Infrascata. Fra-Diavolo et Mammone craignirent de s'être trop avancés, et, sans doute mal renseignés sur les positions occupées par le cardinal, ignorant la défaite de Schipani, ordonnèrent la retraite.

Seulement, en se retirant, ils laissèrent deux ou trois cents hommes dans le musée Bourbonien, où ils se barricadèrent.

De cette position excellente, qu'avaient négligé d'occuper les patriotes, ils commandaient la descente de l'Infrascata, la montée dei Studi, qui est une prolongation de la rue de Tolède, et le largo del Pigne, par lequel ils pouvaient se mettre en communication avec le cardinal.

Au reste, arrivés à l'imbrecciata della Sanita, Fra-Diavolo et Gaetano Mammone s'arrêtèrent, s'emparèrent des maisons à droite et à gauche de la rue, et établirent une batterie de canon à la hauteur de la via delle Cala.

Salvato et Michele n'étaient point assez sûrs de leurs

hommes, fatigués d'une lutte de deux jours, pour attaquer une position aussi forte que l'était celle du musée Borbonico. Ils s'arrêtèrent au largo Spirito-Santo, barricadèrent la salita dei Studi et la petite rue qui conduit à la porte du palais, et mirent un poste de cent hommes dans la rue de Sainte-Marie-de-Constantinople.

Salvato avait ordonné de s'emparer du couvent du même nom, qui, placé sur une hauteur, domine le musée ; mais il ne trouva point, parmi les six ou sept cents hommes qu'il commandait, cinquante esprits forts qui osassent commettre une pareille impiété, tant certains préjugés étaient encore enracinés dans l'esprit des patriotes eux-mêmes.

La nuit s'avançait. Républicains et sanfédistes étaient aussi fatigués les uns que les autres. Des deux côtés, on ignorait la vraie situation des choses et le changement que les divers combats de la journée avaient amenés dans les positions des assiégeants et des assiégés. D'un commun accord, le feu cessa, et, au milieu des cadavres, sur ces dalles rouges de sang, chacun se coucha, la main sur ses armes, s'essayant, sur la foi de la vigilance des sentinelles, par le sommeil momentané de la vie au sommeil éternel de la mort.

LXVIII

LA NUIT DU 14 AU 15 JUIN

Salvato ne dormait pas. Il semblait que ce corps de fer avait trouvé le moyen de se passer de repos et que le sommeil lui était devenu inutile.

Jugeant important de savoir, pour le lendemain, où chaque chose en était, tandis que chacun s'accommodait, celui-ci d'une botte de paille, celui-là d'un matelas pris à la maison voisine, pour passer la meilleure nuit possible, après avoir dit tout bas à Michele quelques mots où se trouvait mêlé le nom de Luisa, il remonta la rue de Tolède comme s'il voulait aller au palais royal, devenu palais national, et, par le vico San-Sepolcro, il commença de gravir la pente rapide qui conduit à la chartreuse de San-Martino.

Un proverbe napolitain dit que le plus beau panorama du monde est celui que l'on voit de la fenêtre de l'abbé San-Martino, dont le balcon, en effet, semble suspendu sur la ville, et d'où le regard embrasse l'immense cercle qui s'étend du golfe de Baïa au village de Maddalone.

Après la révolte de 1647, c'est-à-dire après la courte dictature de Masaniello, les peintres qui avaient pris part à cette révolution, et qui, sous le titre de *Compagnons de la mort*, avaient juré de combattre et de tuer les Espagnols partout où ils les rencontreraient, les Salvator Rosa, les Aniello Falcone, les Mica Spadazo, ces raffinés du temps, pour éviter les représailles dont ils étaient menacés, se refugièrent à la chartreuse de San-Martino, qui avait droit d'asile. Mais, une fois là, l'abbé songea à tirer parti d'eux. Il leur donna son église et son cloître à peindre, et, lorsqu'ils demandèrent quel prix leur serait alloué pour leurs peines :

— La nourriture et le logement, répondit l'abbé.

Et, comme ils trouvaient la rétribution médiocre, l'abbé fit ouvrir les portes en leur disant :

— Cherchez ailleurs : peut-être trouverez-vous mieux.

Chercher ailleurs, c'était tomber dans les mains des Espagnols et être pendus : ils firent contre fortune bon cœur et couvrirent les murailles de chefs-d'œuvre.

Mais ce n'était point pour voir ces chefs-d'œuvre que

Salvato gravissait les pentes de San-Martino, — Rubens, de son fulgurant pinceau, nous a montré les arts fuyants devant le sombre génie de la guerre, — c'était pour voir où le sang avait été versé pendant la journée qui venait de s'écouler, et où il serait versé le lendemain.

Salvato se fit reconnaître des patriotes, qui, au nombre de cinq ou six cents, s'étaient réfugiés dans le couvent de San-Martino, au refus de Mejean, qui avait fermé de nouveau les portes du château Saint-Elme.

Cette fois, ce n'était point l'abbé qui leur dictait ses lois, c'étaient eux qui se trouvaient maîtres du couvent et des moines. Aussi, les moines leur obéissaient-ils avec la servilité de la peur.

On s'empressa de conduire Salvato dans la chambre de l'abbé : celui-ci n'était pas encore couché et lui en fit les honneurs en le conduisant à cette fameuse fenêtre qui, au dire des Napolitains, s'ouvrant sur Naples, s'ouvre tout simplement sur le paradis.

La vue du paradis s'était quelque peu changée en une vue de l'enfer.

De là, on voyait parfaitement la position des sanfédistes et celle des républicains.

Les sanfédistes s'avançaient sur la strada Nuova,

c'est-à-dire sur la plage, jusqu'à la rue Francesca,
où ils avaient une batterie de canon de gros calibre,
commandant le petit port et le port commercial.

C'était le point extrême de leur aile gauche.

Là, étaient de Cesare, Lamarra, Durante, c'est-à-
dire les lieutenants du cardinal.

L'autre aile, c'est-à-dire l'aile droite, commandée
par Fra-Diavolo et Mammone, avait, comme nous
l'avons dit, des avant-postes au musée Borbonico,
c'est-à-dire au haut de la rue de Tolède.

Tout le centre s'étendait, par San-Giovanni à Carbonara, par la place des Tribunaux et par les rues
San-Pietro et Arena, jusqu'au château del Carmine.

Le cardinal était toujours dans sa maison du pont
de la Madeleine.

Il était facile d'estimer à trente-cinq ou quarante
mille hommes le nombre des sanfédistes qui atta-
quaient Naples.

Ces trente-cinq ou quarante mille ennemis exté-
rieurs étaient d'autant plus dangereux qu'ils pouvaient compter sur un nombre à peu près égal d'ennemis intérieurs.

Les républicains, en réunissant toutes les forces,
étaient à peine cinq ou six mille.

Salvato, en embrassant cet immense horizon,
comprit que, du moment où sa sortie n'avait point

chassé l'ennemi hors de la ville, il était imprudent de laisser subsister cette longue pointe qu'il avait faite dans la rue de Tolède, pointe qui permettait à l'ennemi, grâce aux relations qu'il avait dans l'intérieur, de lui couper la retraite des forts. Sa résolution fut donc prise à l'instant même. Il appela près de lui Manthonnet, lui fit voir les positions, lui expliqua en stratégiste les dangers qu'il courait, et l'amena à son opinion.

Tous deux descendirent alors et se firent annoncer au directoire.

Le directoire était en délibération. Sachant qu'il n'y avait rien à attendre de Mejean, il avait envoyé un messager au colonel Giraldon, commandant la ville de Capoue. Il lui demandait un secours d'hommes et s'appuyait sur le traité d'alliance offensive et défensive entre la république française et la république parthénopéenne.

Le colonel Giraldon faisait répondre qu'il lui était impossible de tenter une pointe jusqu'à Naples; mais il déclarait que, si les patriotes voulaient suivre son conseil, placer au milieu d'eux les vieillards, les femmes et les enfants, faire une sortie à la baïonnette et venir le rejoindre à Capoue, il promettait, sur l'honneur français, de les conduire jusqu'en France.

Soit que le conseil fût bon, soit que ses craintes pour Luisa l'emportassent sur son patriotisme, Salvato, qui venait d'entendre le rapport du messager, se rangea de l'avis du colonel et insista pour que ce plan, qui livrait Naples mais qui sauvait les patriotes, fût adopté. Il présenta, pour appuyer le conseil, la situation où se trouvaient les deux armées ; il en appela à Manthonnet, qui, comme lui, venait de reconnaître l'impossibilité de défendre Naples.

Manthonnet reconnut que Naples était perdue, mais déclara que les Napolitains devaient se perdre avec Naples, et qu'il tiendrait à honneur de s'ensevelir sous les ruines de la ville, qu'il reconnaissait lui-même ne pouvoir plus défendre.

Salvato reprit la parole, combattit l'avis de Manthonnet, démontra que tout ce qu'il y avait de grand, de noble, de généreux, avait pris parti pour la République ; que décapiter les patriotes, c'était décapiter la Révolution. Il dit que le peuple, encore trop aveugle et trop ignorant pour soutenir sa propre cause, c'est-à-dire celle du progrès et de la liberté, tomberait, les patriotes anéantis, sous un despotisme et dans une obscurité plus grands qu'auparavant, tandis qu'au contraire, les patriotes, c'est-à-dire le principe vivant de la liberté, n'étant que transplanté hors de Naples, continuerait son œuvre avec moins d'efficacité sans doute, mais avec la persistance de l'exil et l'autorité du malheur. Il demanda — la hache de la réaction abattant des têtes comme celle des Pagano, des Cirillo, des Conforti, des Ruvo — si la sanglante moisson ne stériliserait pas la terre de la patrie pour cinquante ans, pour un siècle peut-être, et si quelques hommes avaient droit, dans leur convoitise de gloire et dans leur ambition du martyre, de faire sitôt la postérité veuve de ses plus grands hommes.

Nous l'avons vu, un faux orgueil avait déjà plusieurs fois égaré à Naples, non-seulement les individus, dans le sacrifice qu'ils faisaient d'eux-mêmes, mais aussi les corps constitués, dans le sacrifice qu'ils faisaient de la patrie. Cette fois encore, l'avis de la majorité fut pour le sacrifice.

— C'est bien, se contenta de dire Salvato, mourons!

— Mourons! répétèrent d'une seule voix les assistants, comme eût pu faire le sénat romain à l'approche des Gaulois ou d'Annibal.

— Et maintenant, reprit Salvato, mourons, mais en faisant le plus de mal possible à nos ennemis. Le bruit court qu'une flotte française, après avoir traversé le détroit de Gibraltar, s'est réunie à Toulon, et vient d'en sortir pour nous porter secours.

Je n'y crois pas; mais enfin la chose est possible. Prolongeons donc la défense, et, pour la prolonger, bornons-la aux points qui se peuvent défendre.

— Quant à cela, dit Manthonnet, je me range à l'avis de mon collègue Salvato, et, comme je le reconnais pour plus habile stratégiste que nous, je m'en rapporterai à lui pour cette concentration.

Les directeurs inclinèrent la tête en signe d'adhésion.

— Alors, reprit Salvato, je proposerai de tracer une ligne qui, au midi, commencera à l'Immacolatella, comprendra le port marchand et la Douane, passera par la strada del Molo, aura ses avant-postes rue Medina, poursuivra par le largo del Castello, par Saint-Charles, par le palais national, la montée du Géant, en embrassant Pizzofalcone, et descendra par la rue Chiatomone jusqu'à la Vittoria, puis se reliera, par la strada San-Caterina et les Giardini, au couvent de Saint-Martin. Cette ligne s'appuiera sur le Château-Neuf, sur le palais national, sur le château de l'Œuf et sur le château Saint-Elme. Par conséquent, elle offrira des refuges à ceux qui la défendront, au cas où ils seraient forcés. En tout cas, si nous ne comptons pas de traîtres dans nos rangs, nous pouvons tenir huit jours, et même davantage. Et qui sait ce qui se passera en huit jours? La flotte française, à tout prendre, peut venir ; et, grâce à une défense énergique, — et elle ne peut être énergique qu'étant concentrée, — peut-être obtiendrons-nous de bonnes conditions.

Le plan était sage : il fut adopté. On laissa à Salvato le soin de le mettre à exécution, et, après avoir rassuré Luisa par sa présence, il sortit de nouveau du Château-Neuf pour faire rentrer les troupes républicaines dans les limites qu'il avait indiquées.

Pendant ce temps-là, un messager du colonel Mejean descendait, par la via del Cacciottoli, par la strada Monte-Mileto, par la strada del Infrascata, passait derrière le musée Bourbonien, descendait la strada à Carbonara, et, par la porte Capuana et l'Arenaccia, gagnait le pont de la Madeleine et se faisait annoncer chez le cardinal comme un envoyé du commandant français.

Il était trois heures du matin. Le cardinal s'était jeté sur son lit depuis une heure à peine ; mais, comme il était le seul chef chargé des pouvoirs du roi, c'était à lui que de toute chose importante on référait.

Le messager fut introduit près du cardinal.

Il le trouva couché sur son lit, tout habillé, avec des pistolets posés sur une table, à la portée de sa main.

Le messager étendit la main vers le cardinal et lui tendit un papier qui représentait pour lui ce que les plénipotentiaires appellent leurs lettres de créance.

— Alors, demanda le cardinal après avoir lu, vous venez de la part du commandant du château Saint-Elme ?

— Oui, Votre Éminence, dit le messager, et vous avez dû remarquer que M. le colonel Mejean a conservé, dans les combats qui se sont livrés jusqu'aujourd'hui sous les murs de Naples, la plus stricte neutralité.

— Oui, monsieur, répliqua le cardinal, et je dois vous dire que, dans l'état d'hostilité où les Français sont contre le roi de Naples, cette neutralité a été l'objet de mon étonnement.

— Le commandant du fort Saint-Elme désirait, avant de prendre un parti pour ou contre, se mettre en communication avec Votre Éminence.

— Avec moi ? Et dans quel but ?

— Le commandant du fort Saint-Elme est un homme sans préjugés et qui reste maître d'agir comme il lui conviendra : il consultera ses intérêts avant d'agir.

— Ah ! ah !

— On dit que tout homme trouve une fois dans sa

vie l'occasion de faire fortune; le commandant du fort Saint-Elme pense que cette occasion est venue pour lui.

— Et il compte sur moi pour lui aider ?

— Il pense que Votre Éminence a plus d'intérêt à être son ami que son ennemi, et il offre son amitié à Votre Éminence.

— Son amitié ?

— Oui.

— Comme cela ? gratis ? sans condition ?

— J'ai dit à Votre Éminence qu'il pensait que l'occasion était venue pour lui de faire fortune. Mais que Votre Éminence se rassure : il n'est point ambitieux, et cinq cent mille francs lui suffiront.

— En effet, dit le cardinal, la chose est d'une modestie exemplaire : par malheur, je doute que le trésor de l'armée sanfédiste possède la dixième partie de cette somme. D'ailleurs, nous pouvons nous en assurer.

Le cardinal frappa sur un timbre : son valet de chambre entra.

Comme le cardinal, tout ce qui l'entourait ne dormait que d'un œil.

— Demandez à Sacchinelli combien nous avons en caisse.

Le valet de chambre s'inclina et sortit.

Un instant après, il rentra.

— Dix mille deux cent cinquante ducats, dit-il.

— Vous voyez; quarante et un mille francs en tout : c'est moins encore que je ne vous disais.

— Quelle conséquence dois-je tirer de la réponse de Votre Éminence?

— Celle-ci, monsieur, dit le cardinal en se soulevant sur son coude et en jetant un regard de mépris au messager, celle-ci : qu'étant un honnête homme, — ce qui est incontestable, puisque, si je ne l'étais pas, j'aurais vingt fois cette somme à ma disposition, — je ne saurais traiter avec un misérable comme M. le colonel Mejean. Mais, eussé-je cette somme, je lui répondrais ce que je vous réponds à cette heure. Je suis venu faire la guerre aux Français et aux Napolitains avec de la poudre, du fer et du plomb, et non avec de l'or. Portez ma réponse avec l'expression de mon mépris au commandant du fort Saint-Elme.

Et, indiquant du doigt au messager la porte de la chambre :

— Ne me réveillez désormais que pour des choses importantes, dit-il en se laissant retomber sur son lit.

Le messager remonta au fort Saint-Elme, et reporta la réponse du cardinal au colonel Mejean.

— Ah! pardieu! murmura celui-ci quand il l'eut écouté, ces choses-là sont faites pour moi! Rencontrer à la fois d'honnêtes gens chez les sanfédistes et chez les républicains! Décidément, je n'ai pas de chance!

LXIX

CHUTE DE SAINT JANVIER — TRIOMPHE DE SAINT ANTOINE

Le lendemain, au point du jour, c'est-à-dire le 15 au matin, les sanfédistes s'aperçurent que les avant-postes républicains étaient évacués et poussèrent devant eux des reconnaissances, timides d'abord, mais qui s'enhardirent peu à peu, car ils soupçonnaient quelque piége.

En effet, pendant la nuit, Salvato avait fait établir quatre batteries de canon :

L'une à l'angle du palais Chiatamone, qui battait toute la rue du même nom, dominée en même temps par le château de l'Œuf;

L'autre, derrière un retranchement dressé à la

hâte, entre la strada Nardonne et l'église Saint-Ferdinand ;

La troisième, strada Medina ;

Et la quatrième entre porto Piccolo, aujourd'hui la Douane, et l'Immacolatella.

Aussi, à peine les sanfédistes furent-ils arrivés à la hauteur de la strada Concezione, à peine apparurent-ils au bout de la rue Monte-Oliveto, et atteignirent-ils la strada Nuova, que la canonnade éclata à la fois sur ces trois points, et qu'il virent qu'ils s'étaient complétement trompés en croyant que les républicains leur avaient cédé la partie.

Ils se retirèrent donc hors de l'atteinte des projectiles, se réfugiant dans les rues transversales, où les boulets et la mitraille ne les pouvaient atteindre.

Mais les trois quarts de la ville ne leur appartenaient pas moins.

Donc, ils pouvaient tout à leur aise piller, incendier, brûler les maisons des patriotes, et tuer, égorger, rôtir et manger leurs propriétaires.

Mais, chose singulière et inattendue, celui contre lequel se porta tout d'abord la colère des lazzaroni fut saint Janvier.

Une espèce de conseil de guerre se réunit au Vieux-Marché, en face de la maison du beccaïo blessé, conseil auquel prenait part celui-ci, dans le but de juger saint Janvier.

D'abord, on commença par envahir son église, malgré la résistance des chanoines, qui furent renversés et foulés aux pieds.

Puis on brisa la porte de la sacristie, où est renfermé son buste avec celui des autres saints formant sa cour. Un homme le prit irrévérencieusement entre ses bras, l'emporta au milieu des cris « A bas saint Janvier! » poussés par la populace, et on le déposa sur une borne, au coin de la rue Sant'Eligio.

Là, on eut grand'peine à empêcher les lazzaroni de le lapider.

Mais, pendant qu'on était allé chercher le buste dans son église, un homme était arrivé qui, par son autorité sur le peuple et sa popularité dans les bas quartiers de Naples, avait pris un grand ascendant sur les lazzaroni.

Cet homme était fra Pacifico.

Fra Pacifico avait vu, du temps qu'il était marin, deux ou trois conseils de guerre à bord de son bâtiment. Il savait donc comment la chose se passait et donna une espèce de régularité au jugement.

On alla à la Vicaria, où l'on prit au vestiaire cinq habits de juge et deux robes d'avocat, et le procès commença.

De ces deux avocats, l'un était l'accusateur public, l'autre le défenseur d'office.

Saint Janvier fut interrogé légalement.

On lui demanda ses noms, ses prénoms, son âge, ses qualités, et on l'interrogea pour qu'il eût à dire à l'aide de quels mérites il était parvenu à la position élevée qu'il occupait.

Son avocat répondit pour lui, et, il faut le dire, avec plus de conscience que n'en mettent ordinairement les avocats. Il fit valoir sa mort héroïque, son amour paternel pour Naples, ses miracles, non pas seulement de la liquéfaction du sang, mais encore les paralytiques jetant leurs béquilles, — les gens tombant d'un cinquième étage et se relevant sains et saufs, — les bâtiments luttant contre la tempête et rentrant au port, — le Vésuve s'éteignant à sa seule présence, — enfin, les Autrichiens vaincus à Velletri, à la suite du vœu fait par Charles III, pendant qu'il était caché dans son four.

Par malheur pour saint Janvier, sa conduite, jusque-là exemplaire et limpide, devenait obscure et ambiguë du moment que les Français entraient dans la ville. Son miracle fait à l'heure annoncée d'avance par Championnet, et tous ceux qu'il avait faits en faveur de la République, étaient des accusations graves et dont il avait de la peine à se laver.

Il répondit que Championnet avait employé l'intimidation; qu'un aide de camp et vingt-cinq hussards étaient dans la sacristie; qu'il y avait eu enfin menace de mort si le miracle ne se faisait point.

A cela, il lui fut répondu qu'un saint qui avait déjà subi le martyre ne devait pas être si facile à intimider.

Mais saint Janvier répondit, avec une dignité suprême, que, s'il avait craint, ce n'était point pour lui, que sa position de bienheureux mettait à l'abri de toute atteinte, mais pour ses chers chanoines, moins disposés que lui à subir le martyre; que leur frayeur, à la vue du pistolet de l'envoyé du général français, avait été si grande et leur prière si fervente, qu'il n'avait pas pu y résister; que, s'il les avait vus dans la disposition de subir le martyre, rien n'eût pu le décider à faire son miracle; mais que ce martyre, il ne pouvait le leur imposer.

Il va sans dire que toutes ces raisons furent victorieusement rétorquées par l'accusateur, qui finit par réduire son adversaire au silence.

On alla aux voix, et, à la suite d'une chaude délibération, saint Janvier fut condamné, non-seulement à la dégradation, mais à la noyade.

Puis, séance tenante, on nomma à sa place, par acclamation, saint Antoine, qui, en découvrant la *conjuration des cordes*, avait enlevé à saint Janvier son reste de popularité, — on nomma saint Antoine patron de Naples.

La France, en 1793, avait détrôné Dieu; Naples pouvait bien, en 1799, détrôner saint Janvier.

Une corde fut passée autour du cou du buste de saint Janvier, et le buste fut traîné par toutes les rues du vieux Naples, puis conduit au camp du cardinal, qui confirma le jugement porté contre lui, le déclara déchu de son grade de capitaine général du royaume, et, mettant, au nom du roi, le séquestre sur son trésor et sur ses biens, reconnut non-seulement saint Antoine pour son successeur, mais encore — ce qui prouvait qu'il n'était point étranger à la révolution qui venait de s'opérer — remit aux lazzaroni une immense bannière sur laquelle était peint saint Janvier fuyant devant saint Antoine, qui le poursuivait armé de verges.

Quant à saint Janvier, le fuyard, il tenait d'une main un paquet de cordes et de l'autre une bannière tricolore napolitaine.

Lorsqu'on connaît les lazzaroni, on peut se faire une idée de la joie que leur causa un pareil présent, avec quels cris il fut reçu et combien il redoubla leur enthousiasme de meurtre et de pillage.

Fra Pacifico fut nommé, à l'unanimité, porte-enseigne, et prit, bannière à la main, la tête de la procession.

Derrière lui, venait la première bannière, où était représenté le cardinal à genoux devant saint Antoine, lui révélant la conjuration des cordes.

Celle-là était portée par le vieux Basso Tomeo, escorté de ses trois fils, comme de trois gardes du corps.

Puis venait maître Donato, tirant saint Janvier par sa corde, attendu que, du moment qu'il était condamné, il appartenait au bourreau, ni plus ni moins qu'un simple mortel.

Enfin des milliers d'hommes, armés de tout ce qu'ils avaient pu rencontrer d'armes, hurlant, vociférant, enfonçant les portes, jetant les meubles par les fenêtres, mettant le feu à ces bûchers et laissant derrière eux une traînée de sang.

Et puis, soit superstition, soit raillerie, le bruit s'était répandu que tous les patriotes s'étaient fait graver l'arbre de la liberté sur l'une ou l'autre partie du corps, et ce bruit servait de prétexte à des avanies étranges. Chaque patriote que les lazzaroni rencontraient, soit dans la rue, soit chez lui, était dépouillé de ses habits et chassé par les rues à coups de fouet, jusqu'à ce que, las de cette course, celui qui le poursuivait lui tirât quelque coup de fusil ou de pistolet dans les reins, pour en finir tout de suite avec lui, ou dans la cuisse, pour lui casser une jambe et faire durer le plaisir plus longtemps.

Les duchesses de Pepoli et de Cassano, qui avaient commis ce crime, impardonnable aux yeux des lazzaroni, de quêter pour les patriotes pauvres, furent arrachées de leur palais; on leur coupa avec des ciseaux leurs robes, leurs jupons, tous leurs vêtements enfin, à la hauteur de la ceinture, et on les promena nues — chastes matrones qu'aucun outrage ne pouvait avilir! — de rue en rue, de place en place, de carrefour en carrefour; après quoi, elles furent conduites au castel Capuana, et jetées dans les prisons de la Vicairie.

Une troisième femme avait mérité, comme elles, le titre de mère de la patrie : c'était la duchesse Fusco, l'amie de Luisa. Son nom fut tout à coup prononcé, on ne sait par qui, — la tradition veut que ce soit par un de ceux qu'elle avait secourus. Il fut aussitôt décidé qu'on irait la chercher chez elle, et qu'on la soumettrait au même supplice. Seulement, il fallait, pour arriver à Mergellina, traverser la ligne formée par les républicains de la place de la Vittoria au château Saint-Elme. Mais, en arrivant aux Giardini, qu'ils ne savaient pas gardés, ils furent accueillis par une telle fusillade, que force leur fut de rétrograder en laissant une douzaine de morts ou de blessés sur le champ de bataille.

Cet échec ne les fit point renoncer à leur dessein : ils se représentèrent à la salita di San-Nicolas-de-Tolentino. Mais ils rencontrèrent le même obstacle à la strada San-Carlo-delle-Tartelle, où ils laissèrent encore un certain nombre de morts et de blessés.

Enfin, ils comprirent que, dans leur ignorance des positions prises par les républicains, ils donnaient dans quelque ligne stratégique. Ils résolurent, en conséquence, de tourner le sommet de Saint-Martin, sur lequel ils voyaient flotter le drapeau des patriotes, par la rue de l'Infrascata, de gagner celle de Saint-Janvier-Antiquano, et de descendre à Chiaïa par la salita del Vomero.

Là, ils étaient complétement maîtres du terrain. Quelques-uns s'arrêtèrent pour faire leurs dévotions à la madone de Pie-di-Grotta, et les autres — et ce fut la majeure partie — continuèrent leur route par Mergellina jusqu'à la maison de la duchesse Fusco.

En arrivant à la fontaine du Lion, celui qui conduisait la bande proposa, pour plus grande certitude de s'emparer de la duchesse, de cerner la maison sans bruit. Mais un homme cria qu'il y avait une femme bien autrement coupable que la duchesse

Fusco : c'était celle qui avait recueilli l'aide de camp du général Championnet blessé, celle qui avait dénoncé le père et le fils Backer, et qui, en les dénonçant, avait été cause de leur mort.

Or, cette femme, c'était la San-Felice.

Sur cette proposition, il n'y eut qu'un cri : « Mort à la San-Felice ! »

Et, sans prendre les précautions nécessaires pour s'emparer de la duchesse Fusco, les lazzaroni s'élancèrent vers la maison du Palmier, enfoncèrent les portes du jardin, et, par le perron, se ruèrent dans la maison.

La maison, on le sait, était complétement vide.

La première rage se passa sur les vitres, que l'on brisa, sur les meubles, que l'on jeta par les fenêtres; mais cette destruction d'objets néanmoins parut bientôt insuffisante.

Les cris « La duchesse Fusco ! la duchesse Fusco ! à mort la mère de la patrie ! » se firent bientôt entendre. On enfonça la porte du corridor qui joignait les deux maisons, et l'on se rua, de celle de la San-Felice dans celle de la duchesse.

En examinant la maison de la San-Felice, il était facile de voir que cette maison avait été complétement abandonnée depuis quelques jours, tandis qu'on n'avait qu'à jeter les yeux sur celle de la duchesse Fusco pour s'assurer qu'elle avait été abandonnée à l'instant même.

Les restes d'un dîner se voyaient sur une table servie de très-belle argenterie; dans la chambre de la duchesse, gisaient à terre la robe et les jupons qu'elle venait de quitter, et dont la présence indiquait qu'elle s'était enfuie protégée par un déguisement. S'ils ne s'étaient pas amusés à piller et à saccager la maison de la San-Felice, ils prenaient la duchesse Fusco, qu'ils venaient chercher de si loin et pour laquelle ils avaient fait tuer inutilement une vingtaine d'entre eux.

Une rage féroce les prit. Ils commencèrent à tirer des coups de pistolet dans les glaces, à mettre le feu aux tentures, à hacher les meubles de coups de sabre, — lorsque, tout à coup, les faisant tressaillir au milieu de cette occupation, une voix venant du jardin cria insolemment à leur oreilles :

— Vive la République ! Mort au tyrans !

Un hurlement de cannibales répondit à ce cri; ils allaient donc avoir quelqu'un sur qui ils se vengeraient de leur déception.

Ils s'élancèrent dans le jardin par les fenêtres et par les portes.

Le jardin formait un grand carré long, planté de beaux arbres et fermé de murs ; seulement, comme ce jardin ne présentait aucun abri, l'imprudent qui venait de révéler sa présence par le cri provocateur ne pouvait leur échapper.

La porte du jardin qui donnait sur le Pausilippe était encore ouverte : il était probable que cette porte avait donné passage à la duchesse Fusco.

Cette probabilité se changea en certitude, lorsque, sur le seuil de cette porte s'ouvrant sur la montagne, les lazzaroni trouvèrent un mouchoir aux initiales de la duchesse.

La duchesse ne pouvait être loin, et ils allaient faire une battue aux environs ; mais, pour la seconde fois, sans qu'ils pussent deviner d'où il venait, retentit le cri, poussé avec plus d'impudence encore que la première fois, de « Vive la République ! Mort aux tyrans ! »

Les lazzaroni, furieux, se retournèrent : les arbres n'étaient ni assez gros, ni assez serrés pour cacher un hômme ; d'ailleurs, le cri semblait parti du premier étage de la maison.

Quelques-uns des pillards rentrèrent dans la maison et se jetèrent par les degrés, tandis que les autres restaient dans le jardin, en criant :

— Jetez-le-nous par les fenêtres !

C'était bien l'intention des dignes sanfédistes ; mais

ils eurent beau chercher, regarder par les cheminées, dans les armoires, sous les lits : ils ne trouvèrent pas le moindre patriote.

Tout à coup, au-dessus de la tête de ceux qui étaient restés dans le jardin, retentit, pour la troisième fois, le cri révolutionnaire.

Il était évident que celui qui poussait ce cri était caché dans les branches d'un magnifique chêne vert qui étendait son ombre sur un tiers du jardin.

Tous les yeux se portèrent vers l'arbre et fouillèrent son feuillage. Enfin, sur l'une des branches, on aperçut, juché comme sur un perchoir, le perroquet de la duchesse Fusco, l'élève de Nicolino et de Velasco, qui, dans le trouble répandu par l'invasion des lazzaroni, avait gagné le jardin, et qui, dans son effroi, ne trouvait rien de mieux à dire que le cri patriotique que lui avaient appris les deux républicains.

Mal prit au pauvre papagallo d'avoir révélé sa présence et son opinion dans une circonstance où son premier soin eût du être de cacher l'une et l'autre. A peine fut-il découvert et reconnu pour le coupable, qu'il devint le point de mire des fusils sanfédistes, qu'une décharge retentit, et qu'il tomba au pied de l'arbre, percé de trois balles.

Ceci consola un peu les lazzaroni de leur mésaventure : ils n'avaient pas fait buisson creux tout à fait. Il est vrai qu'un oiseau n'est pas un homme ; mais rien ne ressemble plus à certains hommes qu'un oiseau qui parle.

Cette exécution faite, on se rappela saint Janvier, que Donato traînait toujours au bout d'une corde, et, comme on n'était qu'à deux pas de la mer, on monta dans une barque, on gagna le large, et, après avoir plongé plusieurs fois le buste du saint dans l'eau, Donato, au milieu des cris et des huées, lâcha la corde, et saint Janvier, ne pensant point que ce fût le moment de faire un miracle, au lieu de remonter à la surface de la mer, soit impuissance, soit mépris des grandeurs célestes, disparut dans les profondeurs de l'abîme.

LXX

LE MESSAGER

Du haut des tours du Château-Neuf, Luisa San-Felice et Salvato, la jeune femme appuyée au bras du jeune homme, avaient pu voir ce qui se passait dans la maison du Palmier et dans la maison de la duchesse Fusco.

Luisa ignorait d'où venait cette invasion, et dans quel but elle était faite. Seulement, on se rappelle que la duchesse avait refusé de suivre Luisa au Château-Neuf, disant qu'elle préférait rester chez elle et que, si elle était menacée d'un danger sérieux, elle avait des moyens de fuite.

Il était incontestable, à voir tout le mouvement qui se faisait à Mergellina, que le danger, était sérieux; mais Luisa espérait que la duchesse avait pu fuir.

Elle fut fort effrayée lorsqu'elle entendit cette fusillade éclatant tout à coup : elle était loin de se douter qu'elle fût dirigée contre un perroquet.

En ce moment, un homme vêtu en paysan des Abruzzes toucha du bout du doigt l'épaule de Salvato; celui-ci se retourna et poussa un cri de joie.

Il venait de reconnaître ce messager patriote qu'il avait envoyé à son père.

— Tu l'as vu ? demanda vivement Salvato.

— Oui, Excellence, répondit le messager.

— Que lui as-tu dis ?

— Rien. Je lui ai remis votre lettre.

— Que t'a-t-il dit, lui ?

— Rien. Il m'a donné ces trois grains tirés de son chapelet.

— C'est bien. Que puis-je faire pour toi ?

— Me donner le plus d'occasions possible de servir la République, et, quand tout sera désespéré, celle de me tuer pour elle.

— Ton nom ?

— Mon nom est un nom obscur et qui ne vous apprendrait rien. Je ne suis pas même Napolitain, quoique j'aie dix ans habité les Abruzzes : je suis citoyen de cette ville encore inconnue qui sera un jour la capitale de l'humanité.

Salvato le regarda avec étonnement.

— Reste au moins avec nous, lui dit-il.

— C'est à la fois mon désir et mon devoir, répondit le messager.

Salvato lui tendit la main : il comprenait qu'à un tel homme on ne pouvait offrir d'autre récompense.

Le messager entra dans le fort; Salvato revint près de Luisa.

— Ton visage m'annonce une bonne nouvelle, bien-aimé Salvato ! lui dit Luisa.

— Oui, cet homme vient de m'apporter une bonne nouvelle, en effet.

— Cet homme !

— Vois ces grains de chapelet.

— Eh bien?

— Ils nous indiquent qu'un cœur dévoué et une volonté persistante veillent, à partir de ce moment, sur nous, et que, dans quelque danger que nous nous trouvions, il ne faudra point désespérer.

— Et de qui vient ce talisman, qui a le privilége de t'inspirer une telle confiance?

— D'un homme qui m'a voué un amour égal à celui que j'ai pour toi, — de mon père.

Et alors, Salvato, qui avait déjà eu l'occasion, on se le rappelle peut-être, de parler à Luisa de sa mère, lui raconta pour la première fois la terrible légende de sa naissance, telle qu'il l'avait racontée aux six conspirateurs le soir de son apparition au palais de la reine Jeanne.

Salvato touchait à la fin de son récit, quand son attention fut attirée par le mouvement de la frégate anglaise le *Sea-Horse*, commandée, comme nous l'avons déjà dit, par le capitaine Ball. Cette frégate, qui était ancrée d'abord en face du port militaire, avait décrit, en passant devant le Château-Neuf et le château de l'Œuf, un grand cercle qui aboutissait à Mergellina, c'est-à-dire à l'endroit même où les lazzaroni, descendus par le Vomero, accomplissaient, dans la maison du Palmier et dans celle de la duchesse Fusco, l'œuvre de vengeance à laquelle nous avons assisté.

A l'aide d'une longue-vue, il crut reconnaître que les Anglais débarquaient quatre pièces de canon de gros calibre, et les mettaient en batterie dans la villa, à l'endroit désigné sous le nom des Tuileries.

Deux heures après, le bruit d'une vive canonnade se faisait entendre à l'extrémité de Chiaïa, et des boulets venaient s'enfoncer dans les murailles du château de l'Œuf.

Le cardinal, ayant appris que, par le Vomero, les lazzaroni étaient descendus à Mergellina, leur avait, par le même chemin, envoyé un renfort de Russes et d'Albanais, tandis que le capitaine Ball leur apportait des canons que l'on pouvait faire monter par l'Infrascata et descendre par le Vomero.

C'étaient ces canons, qui venaient d'être mis en batterie, qui battaient le fort de l'Œuf.

Grâce à ce nouveau poste conquis par les sanfédistes, les patriotes étaient investis de tous les côtés, et il était facile de comprendre que, garantie comme elle l'était, la batterie que l'on venait d'élever ferait le plus grand mal au château de l'Œuf.

Aussi, à la cinquième ou sixième décharge d'artillerie, Salvato vit-il une barque se détacher des flancs du colosse, qui semblait attaché à la terre par un fil.

Cette barque était montée par un patriote qui, en voyant Salvato sur l'une des tours du Château-Neuf, et, en le reconnaissant à son uniforme pour un officier supérieur, lui montra une lettre.

Salvato donna l'ordre qu'on ouvrît la porte de la poterne.

Dix minutes après, le messager était près de lui et la lettre dans sa main.

Il la lut, et, comme cette lettre paraissait d'un intérêt général, il ramena Luisa à sa chambre, descendit dans la cour, et, faisant appeler le commandant Massa et les officiers enfermés dans le château, il leur lut la lettre suivante :

« Mon cher Salvato,

» J'ai remarqué que vous suiviez, avec le même intérêt que moi, mais sans jouir d'une aussi bonne place, les scènes qui viennent de se passer à Mergellina.

» Je ne sais pas si Pizzofalcone, qui vous masque tant soit peu la rivière de Chiaïa, ne vous empêche pas de voir aussi distinctemnt ce qui se passe aux Tuileries : en tout cas, je vais vous le dire.

» Les Anglais viennent d'y débarquer quatre pièces de canon, qu'un détachement d'artilleurs russes a mis en batterie sous la garde d'un bataillon d'Albanais.

» Vous entendez son ramage !

» Si elle chante ainsi pendant vingt-quatre heures seulement, il suffira qu'un autre Josué vienne avec une demi-douzaine de trompettes pour faire tomber les murailles du château de l'Œuf.

» Cette alternative, qui m'est assez indifférente, n'est pas prise avec la même philosophie par les femmes et les enfants qui sont réfugiés au château de l'Œuf et qui, à chaque boulet qui ébranle ses murailles, éclatent en plaintes et en gémissements.

» Voilà l'exposé de la situation assez inquiétante dans laquelle nous nous trouvons.

» Voici maintenant la proposition que je prends sur moi de vous faire pour en sortir.

» Les lazzaroni disent que, quand Dieu s'ennuie là-haut, il ouvre les fenêtres du ciel et regarde Naples.

» Or, je ne sais pourquoi j'ai l'idée que Dieu s'ennuie, et que, pour se récréer ce soir, il ouvrira une de ses fenêtres pour nous regarder.

» Essayons ce soir de contribuer à sa distraction en lui donnant, s'il est tel que je me le figure, le

8.

spectacle qui doit être le plus agréable à ses yeux : celui d'une troupe d'honnêtes gens houspillant une bande de canailles.

» Qu'en pensez-vous ?

» J'ai avec moi deux cents de mes hussards, qui se plaignent d'engourdissement dans les jambes, et qui, ayant conservé leurs carabines, et chacun d'eux une douzaine de cartouches, ne demandent pas mieux que de les utiliser.

» Voulez-vous transmettre ma proposition à Manthonnet et aux patriotes de Saint-Martin ? Si elle leur agrée, une fusée tirée par eux indiquera qu'à minuit nous nous joindrons pour chanter la messe sur la place de Vittoria.

» Faisons en sorte que cette messe soit digne d'un cardinal !

» Votre ami sincère et dévoué,

» Nicolino. »

Les dernières lignes de la lettre furent couvertes d'applaudissements.

Le gouverneur du Château-Neuf voulait prendre le commandement du détachement que fournirait pour cette exécution nocturne le Château-Neuf.

Mais Salvato lui fit observer que son devoir et

l'intérêt de tous étaient qu'il restât au château dont il avait le gouvernement, pour en tenir les portes ouvertes aux blessés et aux patriotes, s'ils étaient repoussés.

Massa se rendit aux instances de Salvato, à qui échut alors, sans conteste, le commandement.

— Maintenant, demanda le jeune brigadier, un homme de résolution pour porter un double de cette lettre à Manthonnet !

— Me voici, dit une voix.

Et, perçant la foule, Salvato vit venir à lui ce patriote génois qui lui avait servi de messager auprès de son père.

— Impossible ! dit Salvato.

— Et pourquoi impossible ?

— Vous êtes arrivé depuis deux heures à peine : vous devez être écrasé de fatigue.

— Sur ces deux heures, j'ai dormi une heure et je me suis reposé.

Salvato, qui connaissait le courage et l'intelligence de son messager, n'insista point davantage dans son refus ; il fit une double copie de la lettre de Nicolino et la lui donna, avec injonction de ne la remettre qu'à Manthonnet lui-même.

Le messager prit la lettre et partit.

Par le vico della Strada-Nuova, par la strada de

Monte-di-Dio, par la strada Ponte-di-Chiaïa et enfin par la rampe del Petrigo, le messager atteignit le couvent de San-Martino.

Il trouva les patriotes très-inquiets. Cette canonnade qu'ils entendaient du côté de la rivière de Chiaïa les préoccupait désagréablement. Aussi, lorsqu'ils surent qu'ils s'agissait d'enlever les pièces qui la faisaient, furent-ils tous, et Manthonnet le premier, d'accord qu'une troupe de deux cents hommes se joindrait aux deux cents Calabrais de Salvato et aux deux cents hussards de Nicolino.

On venait d'achever la lecture de la lettre, lorsqu'une fusillade se fit entendre aux Giardini. Manthonnet ordonna aussitôt une sortie pour porter secours à ceux que l'on attaquait. Mais, avant que ces hommes fussent à la salita San-Nicola-de-Tolentino, des fuyards remontaient vers le quartier général, annonçant que, attaqués par un bataillon d'Albanais venant à l'improviste du vico del Vasto, le petit poste des Giardini n'avait pu résister et avait été emporté de vive force.

Les Albanais n'avaient fait grâce à personne, et une prompte fuite avait pu seule sauver ceux qui apportaient cette nouvelle.

On remonta vers San-Martino.

L'événement était désastreux, surtout avec le plan

que l'on venait d'arrêter pour la nuit suivante. Les communications étaient coupées entre San-Martino et le château de l'Œuf. Si l'on essayait de passer de vive force, ce qui était possible, on passait, mais en éveillant par le bruit du combat ceux qu'on voulait surprendre.

Manthonnet était d'avis, coûte que coûte, de reprendre à l'instant même les Giardini; mais le patriote génois qui avait apporté la lettre de Salvato et que celui-ci avait présenté comme un homme d'une rare intelligence et d'un vrai courage, annonça qu'il se ferait fort, entre dix et onze heures du soir, de débarrasser toute la rue de Tolède de ses lazzaroni et de livrer ainsi le passage aux républicains. Manthonnet lui demanda la communication de son projet; le Génois y consentit, mais ne voulut le dire qu'à lui seul. La confidence faite, Manthonnet parut partager la confiance que le messager avait en lui-même.

On attendit donc la nuit.

Au dernier tintement de l'*Ave Maria*, une fusée, partie de San-Martino, s'éleva dans les airs et annonça à Nicolino et à Salvato de se tenir prêts pour minuit.

A dix heures du soir, le messager, sur lequel tout le monde avait les yeux fixés, attendu que, de la réussite de sa ruse, dépendait le succès de l'expédition nocturne qui, au dire de Nicolino, devait distraire et réjouir Dieu, — à dix heures, le messager demanda une plume et du papier, et écrivit une lettre.

Puis, la lettre écrite, il mit bas son habit, endossa une veste déchirée et sale, changea sa cocarde tricolore pour une cocarde rouge, plaça la lettre qu'il venait d'écrire entre la baguette et le canon de son fusil, gagna, en faisant un grand tour par des chemins détournés, la strada Foria, et, se présentant dans la rue de Tolède par le musée Borbonico, comme s'il venait du pont de la Madeleine, il s'ouvrit, après des efforts inouïs, une route dans la foule, et finit par arriver au quartier général des deux chefs.

Ces deux chefs étaient, on se le rappelle, Fra-Diavolo et Mammone.

Tous deux occupaient le rez-de-chaussée du palais Stigliano.

Mammone était à table, et, selon son habitude, avait près de lui un crâne nouvellement scié à la tête d'un mort, peut-être même à la tête d'un mourant, et auquel adhéraient encore des débris de cervelle.

Il était seul et sombre à table : personne ne se souciait de partager ses repas de tigre.

Fra-Diavolo, lui aussi, soupait dans une chambre voisine. Près de lui était assise, vêtue en homme, cette belle Francesca dont il avait tué le fiancé et qui, huit jours après, était venue le rejoindre dans la montagne.

Le messager fut conduit à Fra-Diavolo.

Il lui présenta les armes, et l'invita à prendre la dépêche dont il était porteur.

Et effet, la dépêche était adressée à Fra-Diavolo, et venait, ou plutôt était censée venir du cardinal Ruffo.

Elle donnait l'ordre au célèbre chef de bande de le rejoindre immédiatement au pont de la Madeleine avec tous les hommes dont il pouvait disposer. Il s'agissait, disait Son Éminence, d'une expédition de nuit qui ne pouvait être confiée qu'à un homme d'exécution tel qu'était Fra-Diavolo.

Quant à Mammone, comme ses troupes se trouvaient diminuées de plus de moitié, il se retirerait pour cette nuit, quitte à reprendre son poste le lendemain matin, derrière le musée Borbonico et s'y fortifierait.

L'ordre était signé du cardinal Ruffo, et un post-scriptum portait qu'il n'y avait pas un instant à perdre pour obéir. Fra-Diavolo se leva pour aller se consulter avec Mamomne. Le messager le suivit.

Nous l'avons dit, Mammone soupait.

Soit qu'il se défiât du messager, soit qu'il voulût tout simplement faire honneur au cardinal, Mammone emplit de vin le crâne qui lui servait de coupe et le présenta tout sanglant et garni de ses longs cheveux au messager, en l'invitant à boire à la santé du cardinal Ruffo.

Le messager prit le crâne des mains du meunier de Sora, cria : « Vive le cardinal Ruffo! » et, sans la moindre apparence de dégoût, après ce cri, le vida d'un seul trait.

— C'est bien, dit Mammone : retourne auprès de Son Éminence, et dis-lui que nous allons lui obéir.

Le messager s'essuya la bouche avec sa manche, jeta son fusil sur son épaule et sortit.

Mammone secoua la tête.

— Je n'ai pas foi dans ce messager-là, dit il.

— Le fait est, dit Fra-Diavolo, qu'il a un singulier accent.

— Si nous le rappelions, dit Mammone.

Tous deux coururent à la porte : le messager allait tourner le coin du vico San-Tommaso, mais on pouvait encore l'apercevoir.

— Hé! l'ami! lui dit Mammone.

Il se retourna.

— Viens donc un peu, continua le meunier : nous avons quelque chose à te dire.

Le messager revint avec un air d'indifférence parfaitement joué.

— Qu'y a-t-il pour le service de Votre Excellence? demanda-t-il en posant le pied sur la première marche du palais.

— Il y a que je voulais te demander de quelle province tu es.

— Je suis de la Basilicate.

— Tu mens ! répondit un matelot qui se trouvait là par hasard ; tu es Génois comme moi : je te reconnais à ton accent.

Le matelot n'avait pas encore achevé le dernier mot, que Mammone tirait un pistolet de sa ceinture et faisait feu sur le malheureux patriote, qui tombait mort.

La balle lui avait traversé le cœur.

— Que l'on enlève le crâne à ce traître, dit Mammone à ses gens, et qu'on me le rapporte plein de son sang.

— Mais, répondit un de ses hommes, à qui sans doute la besogne déplaisait, Votre Excellence en a déjà un sur la table.

— Tu jetteras l'ancien et me rapporteras le nouveau. A partir de cette heure, je fais serment de ne plus boire deux fois dans le même.

Ainsi mourut un des plus ardents patriotes de 1799. Il mourut sans laisser autre chose que son souvenir. Quant à son nom, il est resté ignoré, et, quelques recherches que celui qui écrit ces lignes ait faites pour le connaître, il lui a été impossible de le découvrir.

LXXI

LE DERNIER COMBAT

En ne voyant pas revenir celui dont il connaissait et avait approuvé le projet, Manthonnet comprit ce qui était arrivé : c'est que son messager était prisonnier ou mort.

Il avait prévu le cas, et, à la ruse qui venait d'échouer, il était prêt à substituer une autre ruse.

Il ordonna à six tambours d'aller battre la charge au haut de la rue de l'Infrascata, et cela, avec autant d'élan et d'ardeur que s'ils étaient suivis d'un corps d'armée de vingt mille hommes.

L'ordre portait, en outre, de battre non pas la charge napolitaine, mais la charge française.

Il était évident que Fra-Diavolo et Mammone croiraient que le commandant du fort Saint-Elme se décidait enfin à les attaquer et se précipiteraient au-devant des Français.

Ce que Manthonnet avait prévu arriva : aux premiers roulements du tambour, Fra-Diavolo et Mammone sautèrent sur leurs armes.

Ce battement de caisse, ce retentissement sombre, venaient à l'appui de l'ordre donné par le cardinal.

C'était sans doute dans la prévision de cette sortie qu'il avait rappelé Fra-Diavolo près de lui, et ordonné à Mammone de se retrancher derrière le musée Borbonico, qui est justement en face de la descente de l'Infrascata.

— Oh! oh! fit Diavolo en secouant la tête, je crois que tu t'es un peu pressé, Mammone, et le cardinal pourrait bien te dire : « Caïn, qu'as-tu fait de ton frère ? »

— D'abord, dit Mammone, un Génois n'est pas et ne sera jamais mon frère.

— Bon! si ce n'était pas ce messager qui eût menti, si c'était le matelot génois?

— Eh bien, alors, cela me ferait un crâne de plus.

— Lequel?

— Celui du Génois.

Et, tout en parlant ainsi, les deux chefs appelaient leurs hommes aux armes, et, dégarnissant Tolède, couraient avec eux vers le musée Borbonico.

Manthonnet entendit tout ce tumulte; il vit des torches qui semblaient des feux follets voltigeant au-dessus d'une mer de têtes, et qui, de la place du couvent de Monte-Oliveto, s'élançait vers la salita dei Studi.

Il comprit que le moment était venu de se laisser rouler dans la rue de Tolède, par la strada Taverna-Penta et par le vico Cariati. Il occupa, avec deux cents hommes, dans la rue de Tolède, la place que les avant-postes de Fra-Diavolo et de Mammone y occupaient dix minutes auparavant.

Ils prirent aussitôt leur course vers le largo del Palazzo, le rendez-vous commun étant à l'extrémité de Santa-Lucia, au pied de Pizzo-Falcone, en face du château de l'Œuf.

Le château de l'Œuf était, en effet, le point central, en supposant que les patriotes de Manthonnet descendissent par les Giardini et la rue Ponte-di-Chiaïa.

Mais, comme on l'a vu, la prise des Giardini avait tout changé.

Il en résulta que, comme la troupe de Manthonnet

n'était point attendue par la rue de Tolède, on la prit, dans l'obscurité, pour une troupe de sanfédistes, et le poste de Saint-Ferdinand fit feu sur elle

Quelques hommes de la troupe de Manthonnet ripostèrent, et les patriotes allaient se fusiller entre eux, lorsque Manthonnet s'élança seul en avant en criant :

— Vive la République!

A ce cri, répété avec enthousiasme des deux côtés, patriotes des barricades et patriotes de San-Martino se jetèrent dans les bras les uns des autres.

Par bonheur, quoiqu'on eût tiré une cinquantaine de coups de fusil, il n'y avait qu'un homme tué et deux légèrement blessés.

Une quarantaine d'hommes des barricades demandèrent à faire partie de l'expédition et furent accueillis par acclamation.

On descendit en silence la rue du Géant, on longea Santa-Lucia ; à cinq cents pas du château de l'OEuf, quatre hommes des barricades, qui avaient le mot d'ordre, formèrent l'avant-garde, et, pour que même accident ne se renouvelât point, on fit reconnaître la petite troupe à Saint-Ferdinand.

La précaution n'était point inutile. Salvato avait rejoint avec ses deux cents Calabrais, et Michele avec une centaine de lazzaroni. On n'attendait plus personne du côté du Château-Neuf, et une troupe aussi considérable arrivant par Santa-Lucia eût causé quelque inquiétude.

En deux mots, tout fut expliqué.

Minuit sonna. Tout le monde avait été exact au rendez-vous. On se compta : on était près de sept cents, chacun armé jusqu'aux dents, et disposé à vendre chèrement sa vie. On jura donc de faire payer cher aux sanfédistes la mort du patriote tué par erreur. Les républicains savaient que les sanfédistes n'avaient point de mot d'ordre et se reconnaissaient aux cris de « Vive le roi ! »

Le premier poste de sanfédistes était à Santa-Maria-in-Portico.

Ils n'ignoraient pas que l'attaque des Albanais sur les Giardini avait réussi.

Les sentinelles ne furent donc pas étonnées, surtout après avoir entendu une fusillade du côté de la rue de Tolède, de voir s'avancer une troupe qui, de temps en temps, poussait le cri de « Vive le roi ! »

Elles la laissèrent approcher sans défiance, et prête à fraterniser avec elles ; mais, victimes de leur confiance, les unes après les autres, elles tombèrent poignardées.

La dernière, seule, eut le temps de lâcher son coup de fusil en criant : « Alarme ! »

Le commandant de la batterie, qui était un vieux soldat, se gardait mieux que les sanfédistes, soldats improvisés. Aussi, au coup de fusil et au cri d'alarme, fut-il sous les armes, lui et ses hommes, et le cri « Halte ! » se fit-il entendre.

A ce cri, les patriotes comprirent qu'ils étaient découverts, et, ne gardant plus aucune réserve, fondirent sur la batterie au cri de « Vive la République ! »

Ce poste était composé de Calabrais et des meilleurs soldats de ligne du cardinal : aussi le combat fut-il acharné. D'un autre côté, Nicolino, Manthonnet et Salvato faisaient des prodiges, que Michele imitait de son mieux. Le terrain se couvrait de morts. Il fut repris, abreuvé de sang pendant deux heures. Enfin, les républicains, vainqueurs, restèrent maîtres de la batterie. Les artilleurs furent tués sur leurs pièces et les pièces enclouées.

Après cette expédition, qui était le but principal de la triple sortie, comme il restait encore une heure de nuit, Salvato proposa de l'employer en surprenant le bataillon d'Albanais qui s'était emparé des Giardini, et qui avait coupé les communications du château de l'Œuf avec le couvent de San-Martino.

La proposition fut accueillie avec enthousiasme.

Alors, les républicains se séparèrent en deux troupes.

L'une, sous les ordres de Salvato et de Michele, prit par la via Pasquale, la strada Santa-Teresa à Chiaïa, et fit halte sans avoir été découverte, strada Rocella, derrière le palais del Vasto.

L'autre, sous les ordres de Nicolino et de Manthonnet, remonta par la strada Santa-Catarina, et, découverte à la strada de Chiaïa, commença le feu.

A peine Salvato et Michele entendirent-ils les premiers coups de fusil, qu'ils s'élancèrent par toutes les portes du palais et des jardins del Vasto, escaladèrent les murailles des Giardini et tombèrent sur les derrières des Albanais.

Ceux-ci firent une héroïque résistance, une résistance de montagnards; mais ils avaient affaire à des hommes désespérés, jouant leur vie dans un dernier combat.

Tous, depuis le premier jusqu'au dernier, furent égorgés : nul n'échappa.

Alors, on laissa pêle-mêle, dans une boue sanglante, Albanais et républicains, et, tout enivrés de leur victoire, les vainqueurs tournèrent les yeux vers la rue de Tolède.

Revenus de leur erreur, Mammone et Fra-Diavolo,

après avoir reconnu que les tambours de l'Infrascata, en simulant une fausse attaque, ne servaient qu'à voiler la véritable, étaient revenus prendre leur poste dans la rue de Tolède. Ils écoutaient avec une certaine inquiétude le bruit du combat des Giardini, et, le bruit du combat ayant cessé depuis une demi-heure, ils s'étaient un peu relâchés de leurs surveillance, lorsque, tout à coup, par un réseau de petites rues qui descend du vico d'Afflito au vico della Carita, une avalanche d'hommes se précipita, repoussant les sentinelles et les avant-postes sur les masses, fusillant ou poignardant tout ce qui s'opposait à son passage, et, désastreuse, mortelle, dévastatrice, passa à travers l'immense artère, laissant, sur une largeur de trois cents mètres, les dalles couvertes de cadavres, et s'écoula par les rues faisant face à celles par lesquelles elle avait débouché.

Toute la troupe patriote se rallia au largo Castello et à la strada Medina. Les trois chefs s'embrassèrent, car, dans ces situations extrêmes, on ignore, lorsqu'on se quitte, si l'on se reverra jamais.

— Par ma foi ! dit Nicolino en regagnant le château de l'OEuf avec ses deux cents hommes, réduits d'un cinquième, je ne sais si Dieu a ouvert sa fenêtre ; mais, s'il ne l'a pas fait, il a eu tort : il eût vu un beau spectacle ! celui d'hommes qui

Documents manquants (pages, cahiers...)
NF Z 43-120-13

DE LA PAGE 155
A LA PAGE 158

aiment mieux mourir libres que de vivre sous la tyrannie.

Salvato était en face du Château-Neuf. Le commandant Massa s'était tenu éveillé, écoutant avec anxiété la fusillade, qui avait commencé par s'éloigner et s'était rapprochée peu à peu. Voyant, aux premiers rayons du jour, les républicains déboucher par le largo del Castello et la strada Medina, il ouvrit les portes, prêt à les recevoir tous s'ils étaient vaincus.

Ils étaient vainqueurs, et chacun, même Manthonnet, maintenant que les communications étaient rétablies, pouvait regagner le point d'où il était parti.

La porte du château, qui avait ouvert ses larges mâchoires, les referma donc sur Salvato et ses Calabrais, sur Michele et ses lazzaroni diminués d'un quart.

Nicolino avait déjà repris le chemin du château de l'Œuf ; Manthonnet le suivit, pour regagner la montagne et rentrer à San-Martino.

Les républicains avaient perdu deux cents hommes à peu près ; mais ils en avaient tué plus de sept cents aux sanfédistes, tout étonnés, au moment où ils se croyaient vainqueurs et n'ayant plus rien à craindre, de subir un si effroyable échec.

vais traitement à ceux qui remettraient leurs armes, *l'intention de Sa Majesté étant de leur accorder amnistie pleine et entière.*

On conviendra qu'il est difficile de concilier cette promesse avec les ordres rigoureux du roi et de la reine concernant les rebelles, si l'intention positive du cardinal n'eût point été de sauver, en vertu de son pouvoir d'*alter ego*, autant de patriotes qu'il pourrait le faire.

La suite, au reste, prouva que c'était bien là son intention.

Il ajoutait, en outre, que toute hostilité cesserait à l'instant même contre tout château et toute forteresse arborant la bannière blanche, en signe qu'ils acceptaient l'amnistie offerte, et il garantissait sur son honneur la vie des officiers qui se présenteraient pour parlementer.

Cette proclamation fut imprimée et affichée, le même jour, à tous les coins de rue, à tous les carrefours, sur toutes les places de la ville; et, comme il était possible que les patriotes de San-Martino, ne descendant point en ville, demeurassent dans l'ignorance de ces nouvelles dispositions du cardinal, il leur envoya Scipion Lamarra, précédé d'un drapeau blanc et accompagné d'un trompette, pour leur annoncer cette suspension d'armes.

Les patriotes de San-Martino, encore tout enfiévrés de leur succès de la nuit précédente et du résultat obtenu, — car ils ne doutaient point que ce ne fût à leur victoire qu'ils dussent cette démarche pacifique du cardinal, — répondirent qu'ils étaient résolus à mourir les armes en main et qu'ils n'entendraient à rien avant que Ruffo et les sanfédistes eussent évacué la ville.

Mais, cette fois encore, Salvato, qui joignait la sagesse du diplomate au bouillant courage du soldat, ne fut point de l'avis de Manthonnet, chargé, au nom de ses compagnons, de répondre par un refus. Il se présenta au corps législatif, les propositions du cardinal Ruffo à la main, et n'eut point de peine, après lui avoir exposé la véritable situation des choses, à le déterminer à ouvrir des conférences avec le cardinal, ces conférences, si elles aboutissaient à un traité, étant le seul moyen de sauver la vie des patriotes compromis. Puis, comme les châteaux étaient sous la dépendance du corps législatif, le corps législatif fit dire à Massa, commandant du Château-Neuf, et à L'Aurora, commandant du château de l'Œuf, que, s'ils ne traitaient pas directement avec le cardinal, il traiterait en leur nom.

Il n'y avait rien à ordonner de pareil à Manthonnet, qui, n'étant point enfermé dans un fort, mais occupant le couvent de San-Martino, ne dépendait que de lui-même.

Le corps législatif invitait, en même temps, Massa à s'aboucher avec le commandant du château Saint-Elme, non point pour qu'il acceptât les mêmes conditions qui seraient offertes aux commandants de forts napolitains, — en sa qualité d'officier français, il pouvait traiter à part, et comme bon lui semblait, — mais pour qu'il approuvât la capitulation des autres forteresses, et signât au traité, sa signature paraissant, avec raison, une garantie de plus de l'exécution des traités, puisque lui était tout simplement un ennemi, tandis que les autres étaient des rebelles.

On répondit donc au cardinal qu'il n'avait point à s'arrêter au refus des patriotes de San-Martino et que l'amnistie proposée par lui était acceptée.

On le priait d'indiquer le jour et l'heure où les chefs des deux partis se réuniraient pour jeter les bases de la capitulation.

Mais, pendant cette même journée du 19 juin, arriva une chose à laquelle on devait s'attendre.

Les Calabrais, les lazzaroni, les paysans, les forçats et tous ces hommes de rapine et de sang qui, pour piller et tuer à leur satisfaction, suivaient les Sciarpa, les Mammone, les Fra-Diavolo, les Panedigrano et autres bandits de même étoffe, tous ces hommes enfin, voyant la proclamation du cardinal qui mettait une fin aux massacres et aux incendies, résolurent de ne point obéir à cet ordre et de continuer le cours de leurs meurtres et de leurs dévastations.

Le cardinal frémit en sentant l'arme avec laquelle jusque-là il avait vaincu, lui tomber des mains.

Il donna l'ordre de ne plus ouvrir les prisons aux prisonniers que l'on y conduirait.

Il renforça les corps russes, turcs et suisses qui se trouvaient dans la ville, les seuls, en effet, sur lesquels il pût compter.

Alors, le peuple, ou plutôt des bandes d'assassins, de meurtriers et de brigands qui désolaient, incendiaient et ensanglantaient la ville, voyant que les prisons restaient fermées devant les prisonniers qu'ils y conduisaient, les fusillèrent et les pendirent sans jugement. Les moins féroces conduisirent les leurs au commandant du roi à Ischia; mais, là, les patriotes trouvèrent Spéciale, lequel se contentait de rendre contre eux des jugements de mort, sans même les interroger, quand, pour en finir plus tôt avec eux, il ne les faisait pas jeter à la mer sans jugement.

Du haut de San-Martino, du haut du château de l'Œuf et du haut du Château-Neuf, les patriotes voyaient avec terreur et avec rage tout ce qui se passait dans la ville, dans le port et sur la mer.

Révoltés de ce spectacle, les patriotes allaient sans doute reprendre les armes, lorsque le colonel Mejean, furieux de n'avoir pu traiter ni avec le directoire ni avec le cardinal Ruffo, fit dire aux républicains qu'il avait au château Saint-Elme cinq ou six otages qu'il leur livrerait si les massacres ne cessaient pas.

Au nombre de ces otages était un cousin du chevalier Micheroux, lieutenant du roi, et un troisième frère du cardinal.

On fit savoir à Son Éminence l'état des choses.

Si les massacres continuaient, autant de patriotes massacrés, autant d'ôtages on jetterait du haut en bas des murailles du château Saint-Elme.

Les rapports s'envenimaient et conduisaient naturellement les deux partis à une guerre d'extermination. Il n'y avait aucun doute à avoir que des hommes courageux et désespérés ne tinssent point les menaces de représailles qu'ils avaient faites.

Le cardinal comprit qu'il n'y avait pas un instant à perdre. Il convoqua les chefs de tous les corps marchant sous son commandement, et les supplia de maintenir leurs soldats dans la plus rigoureuse discipline, et leur promettant de glorieuses récompenses s'ils y réussissaient.

On ordonna alors des patrouilles composées de

sous-officiers seulement. Ces patrouilles parcouraient les rues en tout sens, et, à force de menaces, de promesses, d'argent jeté, les incendies s'éteignirent, le sang cessa de couler : Naples respira.

Il ne fallut pas moins de deux jours pour arriver à ce résultat.

Le 21 juin, profitant de l'armistice et de la tranquillité qui, après tant d'efforts, en était la suite, les patriotes de Saint-Martin et des deux châteaux résolurent de faire ce que faisaient les anciens quand ils étaient condamnés à la mort : LE REPAS LIBRE.

César, seul, manquait pour recevoir les paroles sacramentelles : *Morituri te salutant!*

Ce fut une triste fête que cette solennité suprême dans laquelle chacun semblait célébrer ses propres funérailles, quelque chose de pareil à ce dernier festin des sénateurs de Capoue, à la fin duquel, au milieu des fleurs fanées et au son des lyres mourantes, on fit circuler la coupe empoisonnée dans laquelle quatre-vingts convives burent la mort.

La place choisie fut celle du Palais-National, aujourd'hui place du Plébiscite. Elle était alors beaucoup plus étroite qu'elle ne l'est aujourd'hui.

Des mâts furent plantés sur toute la longueur de la table ; chaque mât déroulait au vent une flamme blanche, sur laquelle, en lettres noires, étaient écrits ces mots :

VIVRE LIBRE OU MOURIR !

Au-dessus de cette flamme, et au milieu de chaque mât, était un faisceau de trois bannières, dont les extrémités venaient caresser le front des convives.

L'une était tricolore : c'était la bannière de la liberté.

L'autre était rouge : c'était le symbole du sang répandu et qui restait à répandre encore.

L'autre était noire : c'était l'emblème du deuil qui couvrirait la patrie lorsque la tyrannie, un instant chassée, reviendrait régner sur elle.

Au milieu de la place, au pied de l'arbre de la liberté, s'élevait l'autel de la patrie.

On commença par y célébrer une messe mortuaire en l'honneur des martyrs morts pour la liberté. L'évêque della Torre, membre du corps législatif, y prononça leur oraison funèbre.

Puis on se mit à table.

Le repas fut sobre, triste, presque muet.

Trois fois seulement, il fut interrompu par un double toast : « A la liberté et à la mort! » ces deux grandes déesses invoquées par les peuples opprimés.

De leurs avant-postes, les sanfédistes pouvaient voir le suprême festin ; mais ils n'en comprenaient point la sublime tristesse.

Seul le cardinal calculait de quels efforts désespérés sont capables des hommes qui se préparent à la mort avec cette solennelle tranquillité ; il n'en était, soit crainte, soit admiration, que plus affermi dans la résolution de traiter avec eux.

LXXIII

LA CAPITULATION

Le 19 juin, comme nous l'avons dit, les bases de la capitulation avaient été jetées sur le papier.

Elles avaient été discutées pendant la journée du 20, au milieu de l'émeute qui ensanglantait la ville et faisait parfois croire à l'impossibilité de mener à bonne fin les négociations.

Le 21, à midi, l'émeute était calmée, et le *repas libre* avait eu lieu à quatre heures du soir.

Enfin, le 22 au matin, le colonel Mejean descendit du château Saint-Elme, escorté par la cavalerie royaliste, et vint conférer avec le directoire.

Salvato voyait avec une grande joie tous ces préparatifs de paix. La maison de Luisa pillée, le bruit généralement répandu qu'elle avait dénoncé les Backer et que la dénonciation était cause de leur mort, lui inspiraient de vives inquiétudes pour la sûreté de la jeune femme. Insensible à toute crainte pour lui-même, il était plus tremblant et plus timide qu'un enfant quand il s'agissait de Luisa.

Puis une seconde espérance pointait dans son cœur. Son amour pour Luisa avait toujours été croissant, et la possession n'avait fait que l'augmenter. Après la publicité qu'avait prise leur liaison, il était impossible que Luisa demeurât à Naples et y attendît le retour de son mari. Or, il était probable qu'elle profiterait de l'alternative donnée aux patriotes de rester à Naples ou de fuir, pour quitter non-seulement Naples, mais encore l'Italie. Alors, Luisa serait bien à lui, à lui pour toujours : rien ne pourrait la séparer de lui.

Au fait de la capitulation qui avait été discutée sous ses ordres, il avait plusieurs fois, avec intention, expliqué à Luisa l'article 5 de cette capitulation, qui portait que toutes les personnes qui y étaient comprises avaient le choix, ou de rester à Naples, ou de s'embarquer pour Toulon.

Luisa, à chaque fois, avait soupiré, avait pressé

son amant contre son cœur, mais n'avait rien répondu.

C'est que Luisa, malgré son ardent amour pour Salvato, n'avait rien décidé encore et reculait, en fermant les yeux pour ne pas voir l'avenir, devant l'immense douleur qu'il lui faudrait causer, le moment arrivé, ou à son époux, ou à son amant.

Certes, si Luisa eût été libre, pour elle comme pour Salvato, c'eût été le suprême bonheur de suivre au bout du monde l'ami de son cœur. Elle eût alors, sans regret, quitté ses amis, Naples et même cette petite maison où s'était écoulée son enfance, si calme, si tranquille et si pure. Mais, à côté de ce bonheur suprême, se dressait dans l'ombre un remords qu'elle ne pouvait écarter.

En partant, elle abandonnait à la douleur et à l'isolement la veillesse de celui qui lui avait servi de père.

Hélas! cette entraînante passion qu'on appelle l'amour, cette âme de l'univers qui fait commettre à l'homme ses plus belles actions et ses plus grands crimes, si ingénieuse en excuses tant que la faute n'est pas commise, n'a plus que des pleurs et des soupirs à opposer au remords.

Aux instances de Salvato, Luisa ne voulait pas répondre : « Oui » et n'osait répondre : « Non. »

Elle gardait au fond du cœur ce vague espoir des malheureux qui ne comptent plus que sur un miracle de la Providence pour les tirer de la situation sans issue où ils se sont placés par une erreur ou par une faute.

Cependant, le temps passait, et, comme nous l'avons dit, le 22 juin, au matin, le colonel Mejean descendait du château Saint-Elme, pour venir, escorté de la cavalerie royaliste, conférer avec le directoire.

Le but de sa visite était de s'offrir comme intermédiaire entre les patriotes et le cardinal, le directoire n'espérant point obtenir les conditions qu'il demandait.

On se rappelle la réponse de Manthonnet : « Nous ne traiterons que lorsque le dernier sanfédiste aura abandonné la ville. »

Voulant savoir si les forts étaient en mesure de soutenir les paroles hautaines de Manthonnet, le corps législatif, qui siégeait dans le palais national, fit appeler le commandant du Château-Neuf.

Oronzo Massa, dont nous avons plusieurs fois déjà prononcé le nom, sans nous arrêter autrement sur sa personne, a droit, dans un livre comme celui que nous nous sommes imposé le devoir d'écrire, à quelque chose de plus qu'une simple inscription au martyrologe de la patrie.

Il était né de famille noble. Officier d'artillerie dès ses jeunes années, il avait donné sa démission lorsque, quatre ans auparavant, le gouvernement était entré dans la voie sanglante et despotique ouverte par l'exécution d'Emmanuele de Deo, de Vitagliano et de Galiani. La république proclamée, il avait demandé à servir comme simple soldat.

La République l'avait fait général.

C'était un homme éloquent, intrépide, plein de sentiments élevés.

Ce fut Cirillo qui, au nom de l'assemblée législative, adressa la parole à Massa.

— Oronzo Massa, lui demanda-t-il, nous vous avons fait venir pour savoir de vous quel espoir nous reste pour la défense du château et le salut de la ville. Répondez-nous franchement, sans rien exagérer ni dans le bien ni dans le mal.

— Vous me demandez de vous répondre en toute franchise, répliqua Oronzo Massa : je vais le faire. La ville est perdue ; aucun effort, chaque homme fût-il un Curtius, ne peut la sauver. Quant au Château-Neuf, nous en sommes encore maîtres, mais par cette seule raison que nous n'avons contre nous que des soldats sans expérience, des bandes inexpérimentées, commandées par un prêtre. La mer, la darse, le port, sont au pouvoir de l'ennemi. Le palais n'a aucune défense contre l'artillerie. La courtine est ruinée, et si, au lieu d'assiégé, j'étais assiégeant, dans deux heures j'aurais pris le château.

— Vous accepteriez donc la paix?

— Oui, pourvu, ce dont je doute, que nous pussions la faire à des conditions qu'il fût possible de concilier avec notre honneur, comme soldats et comme citoyens.

— Et pourquoi doutez-vous que nous puissions faire la paix à des conditions honorables? Ne connaissez-vous point celles que le directoire propose?

— Je les connais, et c'est pour cela que je doute que le cardinal les accepte. L'ennemi, enorgueilli par la marche triomphale qui l'a conduit jusque sous nos murs, poussé par la lâcheté de Ferdinand, par la haine de Caroline, ne voudra pas accorder la vie et la liberté aux chefs de la République. Il faudra donc, à mon avis, que vingt citoyens au moins s'immolent au salut de tous. Ceci étant ma conviction, je demande à être inscrit, ou plutôt à m'inscrire le premier sur la liste.

Et alors, au milieu d'un frémissement d'admiration, s'avançant vers le bureau du président, en haut d'une feuille de papier blanc, il écrivit d'une main ferme :

ORONZO MASSA. — POUR LA MORT.

Les applaudissements éclatèrent, et, d'une seule voix, les législateurs s'écrièrent :

— Tous ! tous ! tous !

Le commandant du château de l'Œuf, L Aurora, était, sur l'impossibilité de tenir, du même avis que son collègue Massa.

Restait Manthonnet, qu'il fallait ramener à l'avis des autres chefs : aveuglé par son merveilleux courage, il était toujours le dernier à se rendre aux prudents avis.

On décida que le général Massa monterait à San-Martino et conférerait avec les patriotes établis au pied du château Saint-Elme, et, s'il tombait d'accord avec eux, préviendrait le colonel Mejean que sa présence était nécessaire au directoire.

Un sauf-conduit du cardinal fut donné au commandant du château de l'Œuf.

Le commandant Massa convainquit Manthonnet que le meilleur parti à prendre était de traiter aux conditions proposées par le directoire, et même à des conditions pires ; et, comme il était convenu, il prévint le colonel Mejean qu'on l'attendait pour porter ces conditions au cardinal.

Voilà pourquoi, le 22 juin, le commandant du château Saint-Elme quittait sa forteresse et descendait vers la ville.

Il se rendit droit à la maison qu'occupait le cardinal, au pont de la Madeleine, mais en ne cachant point au directoire qu'il n'avait pas grand espoir que le cardinal acceptât de pareilles conditions.

Il fut immédiatement introduit près de Son Éminence, à laquelle il présenta les articles de la capitulation, déjà signés du général Massa et du commandant L'Aurora.

Le cardinal, qui l'attendait, avait près de lui le chevalier Micheroux, le commandant anglais Foote, le commandant des troupes russes, Baillie, et le commandant des troupes ottomanes, Achmet.

Le cardinal prit la capitulation, la lut, passa dans une chambre à côté, avec le chevalier Micheroux, et les chefs des camps anglais, russe et turc, pour en délibérer avec eux.

Dix minutes après, il rentra, prit la plume, et, sans discussion, mit son nom au-dessous de celui de L'Aurora.

Puis il passa la plume au commandant Foote;

celui-ci, à son tour, la passa au commandant Baillie, qui la passa au commandant Achmet.

La seule exigence du cardinal fut que le traité, quoique signé le 22, portât la date du 18.

Cette exigence, à laquelle n'hésita point à se rendre le colonel Mejean, et qui fut un mystère pour tout le monde, grâce à la connaissance approfondie que nous avons de cette époque, et à la correspondance du roi et de la reine, sur laquelle nous eûmes, en 1860, le bonheur de mettre la main, n'en est pas un pour nous.

Il voulait que la date fût antérieure à la lettre qu'il avait reçue de la reine et qui lui défendait de traiter, sous aucun prétexte, avec les rebelles.

Il aurait cette excuse de dire que la lettre était arrivée quand la capitulation était déjà signée.

Et maintenant, il est de la plus grande importance que, traitant à cette heure un point purement historique, nous mettions sous les yeux de nos lecteurs le texte même des dix articles, qui n'a jamais été publié qu'incomplet ou altéré.

Il s'agit d'un procès terrible, où le cardinal Ruffo, condamné en première intance par l'histoire, ou plutôt par un historien, juge partial ou mal renseigné, en appelle à la postérité contre Ferdinand, contre Caroline, contre Nelson.

Voici la capitulation :

« ARTICLE 1ᵉʳ. — Le Château-Neuf et le château de l'Œuf seront remis au commandant des troupes de Sa Majesté le roi des Deux-Siciles, et de celles de ses alliés, le roi d'Angleterre, l'empereur de toutes les Russies et le sultan de la Porte Ottomane, avec toutes les munitions de guerre et de bouche, artillerie et effets de toute espèce existant dans les magasins, et qui seront reconnus par l'inventaire des commissaires respectifs, après la signature de la présente capitulation.

» ART. 2. — Les troupes composant la garnison conserveront leurs forts jusqu'à ce que les bâtiments dont on parlera ci-après, destinés à transporter les personnes qui voudront aller à Toulon, soient prêts à mettre à la voile.

» ART. 3. — Les garnisons sortiront avec les honneurs militaires, c'est-à-dire avec armes et bagages, tambour battant, mèches allumées, enseignes déployées, chacune avec deux pièces de canon ; elles déposeront leurs armes sur le rivage.

» ART. 4. — Les personnes et les propriétés mobilières de tous les individus composant les deux garnisons seront respectées et garanties.

» ART. 5. — Tous les susdits individus pourront choisir, ou de s'embarquer sur les bâtiments parlementaires qui seront préposés pour les conduire à Toulon, ou de rester à Naples, sans être inquiétés, ni eux ni leurs familles.

» Art. 6. — Les conditions arrêtées dans la présente capitulation sont communes à toutes les personnes des deux sexes enfermées dans les forts.

» Art. 7. — Jouiront du bénéfice de ces conditions, tous les prisonniers faits sur les troupes régulières par les troupes de Sa Majesté le roi des Deux-Siciles ou par celles de ses alliés, dans les divers combats qui ont eu lieu avant le blocus des forts.

Art. 8. — MM. l'archevêque de Salerne, Micheroux, Dillon et l'évêque d'Avellino resteront en otage entre les mains du commandant du fort Saint-Elme jusqu'à l'arrivée à Toulon des patriotes expatriés.

» Art. 9. — Excepté les personnages nommés ci-dessus, tous les otages et prisonniers d'État renfermés dans les forts seront mis en liberté aussitôt la signature de la présente capitulation.

» Art. 10. — Les articles de la présente capitulation ne pourront être exécutés qu'après avoir été complétement approuvés par le commandant du fort Saint-Elme.

» Fait au Château-Neuf, le 18 juin 1799.

» Ont signé :

» Massa, *commandant du Château-Neuf ;* L'Aurora, *commandant du château de l'Œuf ;* cardinal Ruffo, *vicaire général du royaume de Naples ;* Antonio, chevalier Micheroux, *ministre plénipotentiaire de Sa Majesté le roi des Deux-Siciles près les troupes russes ;* E.-T. Foote, *commandant les navires de Sa Majesté Britannique ;* Baillie, *commandant les troupes de Sa Majesté l'empereur de Russie ;* Achmet, *commandant les troupes ottomanes.* »

Sous les signatures des différents chefs prenant part à la capitulation, on lisait les lignes suivantes :

« En vertu de la délibération prise par le conseil de guerre dans le fort Saint-Elme, le 3 messidor, sur la lettre du général Massa, commandant le Château-Neuf, lettre en date du 1ᵉʳ messidor, le commandant du château Saint-Elme approuve la susdite capitulation.

» Du fort Saint-Elme, 3 messidor an vii de la république française (21 juin 1799).

» Mejean. »

Le même jour où la capitulation fut réellement signée, c'est-à-dire le 22 juin, le cardinal, enchanté d'en être arrivé à un si heureux résultat, écrivit au roi le récit détaillé des opérations accomplies, et chargea le capitaine Foote, l'un des signataires de la capitulation, de remettre sa lettre à Sa Majesté en personne.

Le capitaine Foote partit aussitôt pour Palerme, sur le *Sea-Horse*. — Depuis quelques jours, il avait succédé, dans le commandement de ce vaisseau, au capitaine Ball, rappelé par Nelson près de lui.

Le lendemain, le cardinal donna tous les ordres nécessaires pour que les bâtiments qui devaient transporter à Toulon la garnison patriote fussent prêts le plus tôt possible.

Le même jour, le cardinal écrivit à Ettore Caraffa pour l'inviter à céder les forts de Civitella et de Pescara à Pronio, aux mêmes conditions que venaient d'être cédés le Château-Neuf et le château de l'Œuf.

Et, comme il craignait que le comte de Ruvo ne se fiât point à sa parole ou vît quelque piége dans sa lettre, il fit demander s'il n'y avait point, dans l'un ou l'autre des deux châteaux, un ami d'Ettore Caraffa dans lequel celui-ci eût toute confiance, pour porter sa lettre et donner au comte une idée exacte de la situation des choses.

Nicolino Caracciolo s'offrit, reçut la lettre des mains du cardinal et partit.

Le même jour, un édit signé du vicaire général fut imprimé, publié et affiché.

Cet édit déclarait que la guerre était finie, qu'il n'y avait plus dans le royaume ni partis ni factions, ni amis ni ennemis, ni républicains ni sanfédistes, mais seulement un peuple de frères et de citoyens soumis également au prince, que le roi voulait confondre dans un même amour.

La certitude de la mort avait été telle chez les patriotes, que ceux mêmes qui, n'ayant pas confiance entière dans la promesse de Ruffo, avaient décidé de s'exiler, regardaient l'exil comme un bien, en comparant l'exil au sort auquel ils se croyaient réservés.

LXXIV

LES ÉLUS DE LA VENGEANCE

Au milieu du chœur de joie et de tristesse qui s'élevait de cette foule d'exilés, selon qu'ils tenaient plus à la vie ou à la patrie, deux jeunes gens, silencieusement et tristement, se tenaient embrassés dans une des chambres du Château-Neuf.

Ces deux jeunes gens étaient Salvato et Luisa.

Luisa n'avait pris encore aucun parti, et c'était le lendemain, 24 juin, qu'il fallait choisir entre son mari et son amant, entre rester à Naples ou partir pour la France.

Luisa pleurait, mais, de toute la soirée, n'avait point eu la force de prononcer une parole.

Salvato était resté longtemps à genoux et, lui aussi, muet devant elle; puis enfin il l'avait prise entre ses bras, et la tenait serrée contre son cœur.

Minuit sonna.

Luisa releva ses yeux baignés de larmes et brillants de fièvre, et compta, les unes après les autres, les douze vibrations du marteau sur le timbre; puis, laissant tomber son bras autour du cou du jeune homme :

— Oh! non, dit-elle, je ne pourrai jamais !

— Que ne pourras-tu jamais, ma Luisa bien-aimée?

— Te quitter, mon Salvato. Jamais ! jamais !

— Ah ! fit le jeune homme respirant avec joie.

— Dieu fera de moi ce qu'il voudra, mais ou nous vivrons ou nous mourrons ensemble !

Et elle éclata en sanglots.

— Écoute, lui dit Salvato, nous ne sommes point forcés de nous arrêter en France ; où tu voudras aller, j'irai.

— Mais ton grade ? mais ton avenir ?

— Sacrifice pour sacrifice, ma bien-aimée Luisa. Je te le répète, si tu veux fuir au bout du monde les souvenirs que tu laisses ici, j'irai au bout du monde avec toi. Te connaissant comme je te connais, ange de pureté, ce ne sera pas trop de ma présence et de mon amour éternels pour te faire oublier.

— Mais je ne partirai point ainsi, comme une ingrate, comme une fugitive, comme une adultère ; je lui écrirai, je lui dirai tout. Son beau, son grand, son sublime cœur me pardonnera un jour, il me donnera l'absolution de ma faute, et, à partir de ce jour seulement, je me pardonnerai à moi-même.

Salvato détacha son bras du cou de Luisa, s'approcha d'une table, y prépara du papier, une plume et de l'encre ; puis, revenant à elle et l'embrassant au front :

— Je te laisse seule, sainte pécheresse, dit-il.

Confesse-toi à Dieu et à lui. Celle sur laquelle Jésus a étendu son manteau n'était pas plus digne de pardon que toi.

— Tu me quittes ! s'écria la jeune femme presque effrayée de rester seule.

— Il faut que ta parole coule dans toute sa pureté, de ton âme chaste à ton cœur dévoué : ma présence en troublerait le limpide cristal. Dans une demi-heure, nous serons de retour et nous ne nous quitterons plus.

Luisa tendit son front à son amant, qui l'embrassa et sortit.

Puis elle se leva, et, à son tour, s'approchant de la table, s'assit devant elle.

Tous ses mouvements avaient la lenteur que prend le corps dans les moments suprêmes ; son œil fixe semblait chercher à reconnaître, à travers la distance et l'obscurité, la place où le coup frapperait, et à quelle profondeur s'enfoncerait le glaive de la douleur.

Un sourire triste passa sur ses lèvres, et elle murmura en secouant la tête :

— Oh ! mon pauvre ami ! comme tu vas souffrir !

Puis, plus bas, et d'une voix presque inintelligible :

— Mais pas plus, ajouta-t-elle, que je n'ai souffert moi-même.

Elle prit la plume, laissa tomber son front sur sa main gauche et écrivit :

« Mon bien-aimé père ! mon ami miséricordieux !

» Pourquoi m'avez-vous quittée quand je voulais vous suivre ! pourquoi n'êtes-vous pas revenu quand je vous ai crié du rivage, à vous qui disparaissiez dans la tempête :
« Ne savez-vous pas que je l'aime ! »
» Il était temps encore : je partais avec vous, j'étais sauvée !
» Vous m'avez abandonnée, je suis perdue !
» Il y a eu fatalité.
» Je ne veux pas m'excuser, je ne veux pas vous répéter les paroles que, la main étendue vers le crucifix, vous avez dites au lit de mort du prince de Caramanico, lorsqu'il insistait et que j'insistais moi-même pour que je devinsse votre épouse. Non : je suis sans excuse ; mais je connais votre cœur. La miséricorde sera toujours plus grande que la faute.
» Compromise politiquement par cette même fatalité qui me poursuit, je quitte Naples, et, partageant le sort des malheureux qui s'exilent, et parmi les-

quels, ô mon doux juge! je suis la plus malheureuse, je pars pour la France.

» Les derniers moments de mon exil sont à vous comme les dernières heures de ma vie seront à vous. En quittant la patrie, c'est à vous que je songe; en quittant l'existence, c'est à vous que je songerai.

» Expliquez cet inexplicable mystère; mon cœur a failli, mon âme est restée pure; la meilleure partie de moi-même, vous l'avez prise et gardée.

» Écoutez, mon ami! écoutez, mon père!

» Je vous fuis encore plus par honte de vous revoir, que par amour pour l'homme que je suis. Pour lui, je donnerais ma vie en ce monde; mais, pour vous, mon salut dans l'autre. Partout où je serai, vous le saurez. Si, pour un dévouement quelconque, vous aviez besoin de moi, rappelez-moi, et je reviendrai tomber à genoux devant vous.

» Maintenant, laissez-moi vous prier pour une créature innocente, qui non-seulement ne sait pas encore qu'elle devra le jour à une faute, mais qui même ne sait pas encore qu'elle vit. Elle peut se trouver seule sur la terre. Son père est soldat : il peut être tué; sa mère est désespérée : elle peut mourir. Promettez-moi que, tant que vous vivrez, mon enfant ne sera point orphelin.

» Je n'emporte point avec moi un seul ducat de

l'argent déposé chez les Backer. Est-il besoin de vous dire que je suis parfaitement innocente de leur mort, et que j'eusse subi les tortures avant de dire un mot qui les compromît! Sur cet argent, vous ferez à l'enfant que je vous lègue, en cas de mort, la part que vous voudrez.

» Vous ayant dit tout cela, vous pouvez croire, mon père adoré, que je vous ai tout dit ; il n'en est rien. Mon âme est pleine, ma tête déborde. Depuis que je vous écris, je vous revois, je repasse dans mon cœur les dix-huit ans de bontés que vous avez eues pour moi, je vous tends les bras comme au dieu qu'on adore, que l'on offense, et vers lequel on voudrait s'élancer. Oh! que n'êtes-vous là, au lieu d'être à deux cents lieues de moi ! je sens que c'est à vous que j'irais, et qu'appuyée à votre cœur, rien ne pourrait m'en arracher.

» Mais ce que Dieu fait est bien fait. Aux yeux de tous, maintenant, je suis non-seulement épouse ingrate, mais encore sujette rebelle, et j'ai à rendre compte, tout à la fois, et de votre bonheur perdu et de votre loyauté compromise. Mon départ vous sauvegarde, ma fuite vous innocente, et vous avez à dire : « Il n'y a pas à s'étonner qu'étant femme adultère, » elle soit sujette déloyale. »

» Adieu, mon ami, adieu, mon père ! Quand vous

voudrez vous faire une idée de ma souffrance, songez à ce que vous avez souffert vous-même. Vous n'avez que la douleur ; moi, j'ai le remords.

» Adieu, si vous m'oubliez et si je vous suis inutile !

» Mais, si vous avez jamais besoin de moi, au revoir !

» Votre enfant coupable, mais qui ne cessera jamais de croire en votre miséricorde,

» LUISA. »

Comme Luisa achevait ces derniers mots, Salvato rentra. Elle l'entendit, se retourna, lui tendit la lettre ; mais, en voyant le papier tout baigné de larmes et en comprenant ce qu'elle aurait à souffrir tandis qu'il lirait ce papier, il le repoussa.

Elle comprit cette délicatesse de son amant.

— Merci, mon ami, dit-elle.

Elle plia la lettre, la cacheta, mit l'adresse.

— Maintenant, dit-elle, comment faire passer cette lettre au chevalier San-Felice ? Vous comprenez bien, n'est-ce pas, qu'il faut qu'il la reçoive, lui et non pas un autre ?

— C'est bien simple, répondit Salvato, le commandant Massa a un sauf-conduit. Je vais le lui demander, et je porterai moi-même la lettre au cardinal, avec prière de la faire passer à Palerme, en lui disant de quelle importance il est qu'elle arrive sûrement.

Luisa avait grand besoin de la présence de Salvato. Tant qu'il était là, sa voix écartait les fantômes qui l'assaillaient dès qu'il avait disparu. Mais, comme elle l'avait dit, il était nécessaire que cette lettre parvînt au chevalier.

Salvato monta à cheval : Massa, outre son sauf-conduit, lui donna un homme pour porter devant lui le drapeau blanc ; de sorte qu'il arriva sans accident au camp du cardinal.

Celui-ci n'était pas encore couché. A peine Salvato se fut-il nommé, que le cardinal ordonna de l'introduire auprès de lui.

Le cardinal le connaissait de nom. Il savait quels prodiges de valeur il avait faits pendant le siége. Brave lui-même, il appréciait les hommes braves.

Salvato lui exposa la cause de sa visite, et ajouta qu'il avait voulu venir en personne non-seulement pour veiller à la sûreté de la lettre, mais encore pour voir l'homme extraordinaire qui venait d'accomplir l'œuvre de la restauration. Malgré le mal qu'à son avis cette restauration faisait, Salvato ne pouvait s'empêcher de reconnaître que le cardinal avait été tempérant dans la victoire, et que les conditions qu'il avait accordées étaient celles d'un vainqueur généreux.

Tout en recevant les compliments de Salvato, ce qu'il semblait faire avec toutes les apparences de l'orgueil satisfait, le cardinal jeta les yeux sur la lettre que lui recommandait Salvato, et y lut l'adresse du chevalier San-Felice.

Il tressaillit malgré lui.

— Cette lettre, demanda le cardinal, serait-elle, par hasard, de la femme du chevalier?

— D'elle-même, Votre Éminence.

Le cardinal se promena un instant soucieux.

Puis, tout à coup, s'arrêtant devant Salvato :

— Cette dame, lui dit-il en le regardant fixement, vous intéresse-t-elle ?

Salvato ne put réprimer une expression d'étonnement.

— Oh ! dit le cardinal, ce n'est point une question de curiosité que je vous fais, et vous le verrez tout à l'heure; d'ailleurs, je suis prêtre, et un secret qu'on me confie devient dès lors une confession sacrée.

— Oui, Votre Éminence, elle m'intéresse, et infiniment!

— Eh bien, alors, monsieur Salvato, comme une preuve de l'admiration que j'ai pour votre courage, laissez-moi vous dire tout bas, bien bas, que la personne à laquelle vous vous intéressez est cruellement compromise, et, si elle était dans la ville, et ne se trouvait point comprise dans la capitulation des forts, il faudrait la conduire immédiatement soit au château de l'Œuf, soit au Château-Neuf, et trouver moyen d'y antidater son entrée de cinq ou six jours.

— Mais, dans le cas contraire, Votre Éminence, aurait-elle encore à craindre ?

— Non, ma signature la couvrirait, je l'espère. Seulement, dans l'un ou l'autre cas, prenez toutes vos précautions pour qu'elle soit embarquée une des premières. Une personne très-puissante la poursuit et veut sa mort.

Salvato pâlit affreusement.

— La signora San-Felice, dit-il d'une voix étouffée, n'a pas quitté le Château-Neuf depuis le commencement du siége. Elle se trouve donc jouir du bénéfice de la capitulation que le général Massa a signée avec Votre Éminence. Je ne vous en remercie pas moins, monsieur le cardinal, de l'avis que vous m'avez donné et dont j'ai pris bonne note.

Salvato salua et s'apprêta à se retirer ; mais le cardinal lui posa la main sur le bras.

— Encore un mot, lui dit-il.

— J'écoute, Éminence, répliqua le jeune homme.

Quoi qu'en eût dit le cardinal, il était évident qu'il hésitait à parler et qu'un combat se livrait en lui.

Enfin, le premier mouvement l'emporta.

— Vous avez dans vos rangs, dit-il, un homme qui n'est point mon ami, mais que j'estime à cause de son courage et de son génie. Cet homme, je voudrais le sauver.

— Cet homme est condamné? demanda Salvato.

— Comme la chevalière San-Felice, répliqua le cardinal.

Salvato sentit une sueur froide perler à la racine de ses cheveux.

— Et par la même personne? demanda Salvato.

— Par la même personne, répéta le cardinal.

— Et Votre Éminence dit que cette personne est très-puissante?

— Ai-je dit très-puissante? Je me suis trompé alors : j'aurais dû dire toute-puissante.

— J'attends que Votre Éminence me nomme celui qu'elle honore de son estime et couvre de sa protection.

— François Caracciolo.

— Et que lui dirai-je?

— Vous lui direz ce que vous voudrez; mais, à vous, je vous dis que sa vie n'est en sûreté, ou plutôt ne sera en sûreté que lorsqu'il aura les deux pieds hors du royaume.

— Je remercie pour lui Votre Éminence, dit Salvato ; il sera fait selon ses désirs.

— On ne confie de pareils secrets qu'à un homme comme vous, monsieur Salvato, et on ne lui recommande pas le silence, tant on est certain qu'il en comprend la valeur.

Salvato s'inclina.

— Votre Éminence, demanda-t-il, a-t-elle d'autres recommandations à me faire?

— Une seule.

— Laquelle?

— De vous ménager, général. Les plus braves de mes hommes qui vous ont vu combattre vous ont accusé de témérité. Votre lettre sera remise au chevalier San-Felice, monsieur Salvato, je vous en jure ma foi.

Salvato comprit que le cardinal lui donnait congé. Il salua, et, toujours précédé de son homme portant un drapeau blanc, reprit tout rêveur le chemin du Château-Neuf.

Mais, avant d'y rentrer, Salvato s'arrêta au môle, descendit dans une barque et se fit conduire dans le port militaire, où Caracciolo s'était réfugié avec sa flottille.

Les marins s'étaient dispersés; quelques-uns de ces hommes seulement qui ne quittent le pont de leur bâtiment qu'à la dernière extrémité, étaient restés à bord.

Il parvint à la chaloupe canonnière qui avait porté Caracciolo dans le combat du 13.

Trois hommes seulement se trouvaient à bord.

L'un d'eux était le contre-maître, vieux marin qui avait fait toutes les campagnes avec l'amiral.

Salvato le fit venir et l'interrogea.

Le matin même, l'amiral, voyant que le cardinal n'avait pas traité directement avec lui, et qu'il n'était pas compris dans la capitulation des forts, s'était fait mettre à terre, déguisé en campagnard, disant qu'on ne s'inquiétât point de son sort, et qu'en attendant qu'il pût quitter le royaume, il avait un asile sûr chez un de ses serviteurs, du dévouement duquel il était certain.

Salvato rentra au Château-Neuf, monta à la chambre de Luisa et la retrouva assise devant la table, la tête appuyée dans sa main, dans l'attitude même où il l'avait laissée.

LXXV

LA FLOTTE ANGLAISE

C'était, on se le rappelle, le 24 juin au matin que les exilés napolitains, c'est-à-dire ceux qui croyaient qu'il y avait plus de sûreté pour eux à s'expatrier qu'à rester à Naples, devaient s'embarquer sur les bâtiments préparés et mettre à la voile pour Toulon.

Toute la nuit du 23 au 24 juin, en effet, on avait réuni une petite flotte de tartanes, de felouques, de balancelles que l'on avait approvisionnées de vivres. Mais le vent soufflait de l'ouest et mettait les navires dans l'impossibilité de gagner la haute mer.

Dès le point du jour, les tours du Château-Neuf étaient couvertes de fugitifs qui attendaient qu'un vent favorable fît donner le signal de l'embarquement. Les parents et les amis se tenaient sur les quais et échangeaient des signes avec leurs mouchoirs.

Au milieu de tous ces bras mouvants, de tous ces mouchoirs agités, on pouvait distinguer un groupe immobile et ne faisant de signes à personne, quoique l'un de ceux qui le composaient cherchât évidemment à reconnaître quelqu'un dans la foule stationnant au bord de la mer.

Les trois individus composant ce groupe étaient Salvato, Luisa et Michele.

Salvato et Luisa se tenaient debout appuyés l'un à l'autre : ils étaient seuls au monde, et tout l'un pour l'autre, et l'on voyait bien qu'ils n'avaient rien à faire avec cette foule qui encombrait les quais.

Michele, au contraire, cherchait deux personnes : sa mère et Assunta. Au bout de quelque temps, il reconnut sa vieille mère; mais, soit que son père et ses frères l'empêchassent de venir à ce dernier rendez-vous, soit que son chagrin fût si vif qu'elle craignait que la vue de Michele ne le rendit insupportable, Assunta resta invisible, quoique le regard perçant de Michele s'étendît des premières maisons de la strada del Piliero à l'Immacolatella.

Tout à coup son attention, comme celle des autres spectateurs, fut détournée de cet objet, si attachant qu'il fût, pour se porter vers la haute mer.

En effet, derrière Capri, au plus lointain horizon, on voyait poindre de nombreuses voiles. Ayant le vent grand largue, ces voiles grandissaient et s'avançaient rapidement.

La première idée de tous les pauvres fugitifs, fut que c'était la flotte franco-espagnole qui venait leur porter secours, et l'on commença de déplorer la hâte avec laquelle on avait signé les traités.

Et, cependant, pas une voix n'osa hasarder la proposition de les annuler, ou, si cette idée se présenta à quelques esprits, ceux à qui elle s'était présentée, — les mauvaises pensées se présentent aux meilleurs esprits, — l'étouffèrent en eux sans la communiquer à leurs voisins.

Mais un de ceux qui, la lunette à la main, du haut de la terrasse de sa maison, voyaient s'avancer ces vaisseaux avec le plus d'inquiétude, c'était, sans contredit, le cardinal.

En effet, le matin même, par la voie de terre, le cardinal avait reçu, l'une du roi, l'autre de la reine, deux lettres dont nous donnerons des fragments. En les lisant, on verra dans quel embarras elles devaient mettre le cardinal.

« **Palerme, 20 juin 1799.**

» Mon éminentissime,

» Répondez-moi sur un autre point, qui me pèse véritablement au cœur, mais que, je vous l'avoue franchement, je crois impossible. On croit ici que vous avez traité avec les châteaux, et que, d'après ce traité, il sera permis à tous les rebelles d'en sortir sains et saufs, même à Caracciolo, même à Manthonnet, et de se retirer en France. De ce bruit, je n'en crois rien, comme vous pouvez bien le comprendre. Du moment que Dieu nous délivre, ce serait insensé à nous de laisser en vie ces vipères enragées, et spécialement Caracciolo, qui connaît tous les coins et tous les recoins de nos côtes. Ah! si je pouvais rentrer à Naples avec les douze mille Russes qui m'avaient été promis, et que ce brigand de Thugut, notre ennemi juré, a empêché de se rendre en Italie! Alors, je ferais ce que je voudrais. Mais la gloire de tout terminer est réservée à vous et à nos braves paysans, et cela, sans autre aide que celle de Dieu et de sa miséricorde infinie.

» Ferdinand B. »

Voici maintenant la lettre de la reine. Pas plus qu'au fragment que nous venons de citer, la traduction ne changera une syllabe.

On y reconnaîtra toujours le même génie hypocrite et persévérant.

« Je n'écris pas tous les jours à Votre Éminence,

comme mon cœur en a cependant l'ardent désir, respectant ses opérations pénibles et multipliées, et ressentant la plus vive reconnaissance, je le proclame, pour les promesses de clémence et les exhortations à la soumission auxquelles les obstinés patriotes n'ont point voulu se rendre, — ce qui m'attriste fort pour les maux que cette obstination va produire, — mais qui doivent vous prouver de plus en plus qu'avec de semblables gens, il n'y pas d'espérance de repentir.

» En même temps que cette lettre vous arrivera, arrivera probablement Nelson, avec son escadre. Il intimera aux républicains l'ordre de se rendre sans conditions. On dit que Caracciolo échappera. Cela me ferait grand'peine, un pareil forban pouvant être horriblement dangereux pour Sa Majesté sacrée. C'est pourquoi je voudrais que ce traître fût mis hors d'état de faire le mal.

» Je sens combien doivent affliger votre cœur toutes les horreurs que Votre Éminence raconte à Sa Majesté, dans sa lettre du 17 de ce mois; mais il me semble, quant à moi, que nous avons fait ce que nous avons pu, et que nous nous sommes mis un peu trop en frais de clémence pour de semblables rebelles, et qu'en traitant avec eux, nous ne ferons que nous avilir sans en rien tirer. On peut traiter, je vous le répète, avec Saint-Elme, qui est dans la main des Français; mais, si les deux autres châteaux ne se rendent pas immédiatement à l'intimation de Nelson, et cela sans condition aucune, ils seront pris de vive force et traités comme ils le méritent.

» Une des premières et des plus nécessaires opérations à accomplir est de renfermer le cardinal-archevêque dans le couvent de Monte-Virgine ou dans quelque autre, pourvu qu'il soit hors de son diocèse. Vous comprenez qu'il ne peut plus être pasteur d'un troupeau qu'il a cherché à égarer par des pastorales factieuses, ni dispenser des sacrements dont il a fait un usage si abusif. En somme, il est impossible que celui qui a si indignement parlé et abusé de sa charge reste archevêque exerçant à Naples.

» Il y a — Votre Éminence ne l'oubliera point — beaucoup d'autres évêques dans le même cas que notre archevêque. Il y a La Torre, il y a Natale, de Vico-Equense; il y a Rossini, malgré son *Te Deum;* mais celui-ci, à cause de sa pastorale imprimée à Tarente; et beaucoup d'autres rebelles reconnus, ne peuvent point rester au gouvernement de leurs églises, non plus que trois autres évêques qui ont dénoncé un pauvre prêtre, lequel n'avait commis d'autre crime que d'avoir crié : « Vive le roi! » Ce sont des moines infâmes et des prêtres scélérats qui ont scandalisé jusqu'aux Français eux-mêmes, et j'insiste sur leur punition, parce que la religion, influant sur l'opinion publique, quelle confiance les peuples pourraient-ils avoir dans des prêtres prétendus pasteurs des peuples, en les voyant rebelles au roi ! Et jugez quel pernicieux effet ce serait pour ces mêmes peuples que de les voir, traîtres, rebelles et renégats, continuer d'exercer leur mandat sacré !

» Je ne vous parle pas de ce qui concerne Naples, puisque Naples n'est pas encore à nous. Tous ceux qui en viennent nous en racontent des horreurs. Cela m'a fait une véritable peine ; mais qu'y faire ? Je vis dans l'anxiété, attendant à tout moment la nouvelle que Naples est reprise et que le bon ordre y est rétabli. Alors, je vous parlerai de mes idées, les soumettant toujours aux talents, lumières et connaissances de Votre Éminence, — connaissances, talents, lumières que j'admire chaque jour davantage et qui lui ont donné l'incroyable possibilité d'entreprendre sa glorieuse mission et de reconquérir sans argent et sans armée un royaume perdu. Il reste maintenant à Votre Éminence une gloire plus grande, celle de le réorganiser sur les bases d'une tranquillité vraie et solide ; et, avec ces sentiments d'équité et de reconnaissance que je dois à mon peuple fidèle, je laisse au cœur dévoué de Votre Éminence de réfléchir à ce qui est arrivé pendant ces six mois et de décider ce qu'elle a à faire, comptant sur toute sa pénétration.

» Les deux Hamilton accompagnent lord Nelson dans son voyage.

» J'ai vu hier la sœur de Votre Éminence et son frère Pepe Antonio, qui se porte à merveille.

» Que Votre Éminence soit convaincue que ma reconnaissance est tellement grande, qu'elle s'étend à tous ceux qui lui appartiennent, et que je reste, en outre, avec un cœur rempli de gratitude, sa vraie et éternelle amie,

» CAROLINE.

« 20 juin 1799. »

Ces deux lettres, suivies de l'arrivée de la flotte, donnaient au cardinal l'idée qu'il allait avoir, à l'endroit des traités, maille à partir avec Nelson ; tandis qu'au contraire, en voyant le nouveau bâtiment monté par le vainqueur d'Aboukir arborer le pavillon de la Grande-Bretagne, les patriotes, qui croyaient plus en la foi de l'amiral anglais qu'en celle de Ruffo, se réjouissaient d'avoir affaire à une grande nation, au lieu d'avoir affaire à un ramas de bandits.

Du reste, au moment où Nelson venait d'arborer le pavillon rouge et de l'assurer par un coup de canon, du milieu de la fumée répandue aux flancs du vaisseau, on vit se détacher la yole du commandant.

Cette yole, qui portait deux officiers, un contre-maître et dix rameurs, se dirigea en droite ligne sur le port de la Madeleine, et, dès lors, le cardinal n'eut plus aucun doute que ce fût lui que cherchassent les officiers qui montaient la yole.

En effet, ils abordèrent à la Marinella.

Voyant qu'ils s'informaient auprès des lazzaroni qui se tenaient sur le quai, et présumant que ces informations avaient pour but de connaître sa demeure, il envoya au-devant d'eux son secrétaire Sacchinelli, avec invitation de les amener près de lui.

Un instant après, on annonçait au cardinal les capitaines Ball et Troubridge, et les deux officiers faisaient leur entrée dans le cabinet de Son Éminence avec cette roideur particulière aux Anglais, roideur que ne diminuait en rien le grade éminent que Ruffo tenait dans la prélature catholique, Ball et Troubridge étant protestants.

Quatre heures sonnaient.

Troubridge, étant le plus ancien en grade, s'avança vers le cardinal, qui lui-même avait fait un pas au-devant des deux officiers, et lui remit un large pli orné d'un grand cachet rouge aux armes d'Angleterre (1).

Le cardinal, modelant son maintien sur celui des deux messagers, fit un léger salut, brisa le cachet rouge, et lut ce qui suit :

« A bord du *Foudroyant* (2), à trois heures de l'après-midi, dans le golfe de Naples.

» Éminence,

» Milord Nelson me prie d'informer Votre Éminence qu'il a reçu du capitaine Foote, commandant la frégate le *Sea-Horse*, une copie de la capitulation que Votre Éminence a jugé à propos de faire avec les commandants de Saint-Elme, du Château-Neuf et du château de l'Œuf; qu'il désapprouve entièrement ces capitulations, et qu'il est résolu à ne point rester neutre avec les forces imposantes qu'il a l'honneur de commander. En conséquence, il a expédié

---

(1) Comme tout ce qui va suivre est une grave accusation contre la mémoire de Nelson, inutile de dire que tous les lettres, et jusqu'aux moindres billets cités, sont historiques. Au besoin, nous pourrions même donner ces lettres autographiées, les autographes étant à notre disposition.

(2) C'était le nom du nouveau bâtiment de Nelson, fatalement illustré le 29 juin suivant.

à Votre Éminence les capitaines Troubridge et Ball, commandant les vaisseaux de Sa Majesté Britannique *le Culloden* et *l'Alexandre*. Ces deux capitaines sont parfaitement informés des sentiments de milord Nelson et auront l'honneur de les faire connaître à Votre Éminence. Milord espère que Votre Éminence sera de la même opinion que lui, et que, demain, au point du jour, il pourra agir d'accord avec Votre Éminence.

» Leur but ne peut être que le même, c'est-à-dire de réduire l'ennemi commun et soumettre les sujets rebelles à la clémence de Sa Majesté Sicilienne.

» J'ai l'honneur de me dire,

» De Votre Éminence,
» Le très-humble et très-obéissant serviteur,

» W. Hamilton.

» Envoyé extraordinaire de Sa Majesté Britannique près Sa Majesté Sicilienne. »

A quelque opposition que Ruffo s'attendît, il n'avait jamais pensé que cette opposition dût se formuler d'une manière si positive et si insolente.

Il relut une seconde fois la lettre, écrite en français, c'est-à-dire dans la langue diplomatique; la lettre était, en outre, signée, non-seulement du nom, mais encore de tous les titres de sir William, de sorte qu'il était évident que sir William parlait à la fois au nom de milord Nelson, et au nom de l'Angleterre.

Au moment où, comme nous l'avons dit, le cardinal achevait de relire cette lettre, le capitaine Troubridge, avec une légère inclination de tête, demanda :

— Votre Éminence a-t-elle lu?

— J'ai lu, oui, monsieur, répondit le cardinal; mais je vous avoue que je n'ai pas compris.

— Votre Éminence a dû voir, dans la lettre de sir William, qu'étant tout à fait au courant des intentions de milord Nelson, nous pouvions, le capitaine et moi, répondre à toutes les questions qu'elle daignerait nous faire.

— Je n'en ferai qu'une, monsieur.

Troubridge s'inclina légèrement.

— Suis-je, continua le cardinal, dépouillé de mon pouvoir de vicaire général, et milord Nelson en est-il revêtu?

— Nous ignorons si Votre Éminence est destituée de ses pouvoirs de vicaire général et si milord Nelson en est revêtu; mais nous savons que milord Nelson a pris les ordres de Leurs Majestés Siciliennes, qu'il a eu l'honneur de faire savoir ses intentions à Votre Éminence, et qu'en cas de difficultés, il a sous ses ordres douze vaisseaux de ligne pour les appuyer.

— Vous n'avez rien autre chose à me dire de la part de milord Nelson, monsieur?

— Si fait. Nous avons à demander à Votre Éminence une réponse positive à cette question : Au cas d'une reprise d'hostilités contre les rebelles, milord Nelson pourrait-il compter sur la coopération de Votre Éminence?

— D'abord, messieurs, il n'y a plus de rebelles, puisque les rebelles ont fait leur soumission entre mes mains; et, du moment qu'il n'y a plus de rebelles, il est inutile de marcher contre eux.

— Milord Nelson avait prévu cette subtilité. Je poserai donc de sa part la question ainsi : Dans le cas où milord Nelson marcherait contre ceux avec lesquels Votre Éminence a traité, Votre Éminence fera-t-elle cause commune avec lui?

— La réponse sera aussi claire que la demande, monsieur. Non-seulement ni moi ni mes hommes ne marcherons contre ceux avec lesquels j'ai traité, mais encore je m'opposerai de tout mon pouvoir à ce que la capitulation signée par moi soit violée.

Les officiers anglais échangèrent un coup d'œil :

il était évident qu'ils s'attendaient à cette réponse et que c'était surtout celle-là qu'ils étaient venus chercher.

Le cardinal sentit le frisson de la colère courir par tout son corps.

Seulement, il pensa que la chose allait prendre une tournure tellement grave, qu'il ne devait conserver aucun doute, et qu'une explication avec lord Nelson était indispensable.

— Milord Nelson, ajouta-t-il, a-t-il prévu le cas où je désirerais avoir une conférence avec lui, et, dans ce cas, êtes-vous autorisés, messieurs, à me conduire à son bord ?

— Milord Nelson, monsieur le cardinal, ne nous a rien dit à ce sujet; mais nous avons tout lieu de penser qu'une visite de la part de Votre Éminence lui ferait toujours honneur et plaisir.

— Messieurs, dit le cardinal, je n'attendais pas moins de votre courtoisie. Quand vous voudrez partir, je suis prêt.

Et il indiqua aux deux officiers la sortie de sa maison.

— C'est nous, répondit Troubridge, qui sommes prêts à suivre Votre Éminence. Si elle est prête, à elle-même de nous montrer le chemin.

Le cardinal descendit d'un pas rapide l'escalier qui

conduisait à la cour, et, marchant droit au rivage, fit signe à la barque d'arriver.

La barque obéit ; le cardinal, dès qu'elle fut à sa portée, y sauta avec la légèreté d'un jeune homme et s'assit à la place d'honneur entre les deux officiers.

A l'ordre « Nagez ! » les dix avirons retombèrent à la mer, et la barque rasa le sommet des vagues avec la rapidité d'un oiseau.

LXXVI

LA NÉMÉSIS LESBIENNE

Le cardinal était vêtu de sa robe de pourpre. Nelson, qui se tenait debout sur le pont du *Foudroyant*, la lunette appuyée sur son œil unique, le reconnut et le fit saluer de cent coups de canon.

En arrivant à l'escalier d'honneur, le cardinal vit Nelson qui l'attendait sur la première marche.

Tous deux se saluèrent, mais ne purent échanger une parole.

Nelson ne parlait ni italien ni français; le cardinal comprenait l'anglais, mais ne le parlait pas.

Nelson indiqua au cardinal le chemin de sa cabine.

Il y trouva sir William et Emma Lyonna.

Il se rappela alors cette phrase de la lettre de la reine : « Les deux Hamilton accompagnent lord Nelson dans son voyage. »

Voici ce qui était arrivé :

Le capitaine Foote, qui avait été expédié par le cardinal pour porter à Palerme la capitulation, avait rencontré, à la hauteur des îles Lipari, la flotte anglaise, et, ayant reconnu le vaisseau de Nelson, à son pavillon d'amiral, il avait mis le cap droit sur lui.

De son côté, Nelson avait reconnu le *Sea-Horse* et ordonné de mettre en panne.

Le capitaine Foote descendit dans le canot et se rendit à bord du *Foudroyant*.

Le *Van-Guard* était tellement mutilé, qu'on avait reconnu qu'il ne pouvait naviguer plus longtemps, surtout avec des chances de combat, et nous avons déjà dit que Nelson avait transporté son pavillon à bord du nouveau vaisseau.

Foote, qui ne s'attendait point à rencontrer l'amiral, n'avait pas pris copie de la capitulation; mais, l'ayant signée, l'ayant lue et même discutée avec la plus grande attention, il put non-seulement annoncer à Nelson la capitulation, mais encore lui dire les termes dans lesquels elle était conçue.

Dès les premiers mots qu'il prononça, le capitaine Foote put voir la figure de l'amiral s'assombrir. En effet, sur les insistances de la reine, et s'écartant pour elle des ordres de l'amiral Keith, qui lui ordonnait de marcher au-devant de l'escadre française et de la combattre, il venait à toutes voiles à Naples pour porter à Ruffo, de la part de Leurs Majestés Siciliennes, l'ordre de ne traiter avec les républicains sous aucun prétexte; et voilà qu'au tiers du chemin, il apprenait qu'il arriverait trop tard, et que, depuis deux jours, la capitulation était signée.

Ce cas n'étant point prévu, Nelson devait attendre de nouvelles instructions. Il ordonna, en conséquence, au capitaine Foote de continuer son chemin en faisant force de voiles, tandis que lui mettrait en panne et l'attendrait pendant vingt-quatre heures.

Le capitaine Foote remonta sur son bâtiment, et, cinq minutes après le *Sea-Horse* fendait les flots avec la rapidité de l'animal dont il portait le nom.

Le même soir, il jetait l'ancre dans la rade de Palerme.

La reine habitait sa villa de la Favorite, située à

une lieue à peu près de la ville qui s'est donnée à elle-même l'épithète d'*heureuse*.

Le capitaine sauta dans une voiture et se fit conduire à la Favorite.

Le ciel semblait un tapis d'azur, tout brodé d'étoiles ; la lune versait sur la ravissante vallée qui conduit à Castellamare des cascades de lumière argentée.

Le capitaine se nomma, dit qu'il arrivait de Naples, porteur de nouvelles importantes.

La reine était en promenade avec lady Hamilton : les deux amies étaient allées sur la plage respirer la double fraîcheur de la nuit et de la mer.

Le roi seul était à la villa.

Foote, qui connaissait la puissance exercée par Caroline sur son mari, hésitait pour décider s'il ne se mettrait point à la recherche de la reine, lorsqu'on vint dire au capitaine que le roi, ayant appris son arrivée, lui faisait dire qu'il l'attendait.

Dès lors, l'hésitation était tranchée : cette invitation du roi était un ordre. Le capitaine se rendit chez le roi.

— Ah! c'est vous, capitaine! dit le roi le reconnaissant ; on dit que vous apportez des nouvelles de Naples : sont-elles bonnes au moins ?

— Excellentes, sire, à mon avis, du moins, puisque je viens vous annoncer que la guerre est terminée, que Naples est prise, que, dans deux jours, il n'y aura plus un républicain dans votre capitale, et, dans huit jours, plus un Français dans votre royaume.

— Voyons, voyons, comment dites-vous cela? répliqua Ferdinand. Plus un Français dans le royaume, cela va bien, — plus loin nous serons de ces animaux enragés, mieux vaudra; — mais plus un patriote à Naples! Où seront-ils donc? au fond de la mer?

— Pas tout à fait; mais ils vogueront à pleines voiles pour Toulon.

— Diable! voilà qui m'est assez égal, à moi; — pourvu qu'on m'en débarrasse, je ne demande pas mieux ni autre chose! — mais je vous préviens, capitaine, que la reine ne sera pas contente. Et comment se fait-il qu'ils vogueront vers Toulon, au lieu d'être classés par catégories dans les prisons de Naples?

— Parce que force a été au cardinal de capituler avec eux.

— Le cardinal a capitulé avec eux, après les lettres que nous lui avons écrites? Et à quelles conditions a-t-il capitulé?

— Sire, voici un pli renfermant une copie du traité certifiée conforme par le cardinal.

— Capitaine, donnez cela vous-même à la reine : je ne m'en charge pas. Peste! la première personne sur laquelle elle mettra la main, après avoir lu votre dépêche, passera un mauvais quart d'heure!

— Le cardinal nous a fait voir ses pleins pouvoirs comme vicaire général de Votre Majesté, et c'est après avoir vu ces pleins pouvoirs que nous avons signé le traité avec lui et en même temps que lui.

— Vous avez signé avec lui, alors?

— Oui, sire : moi au nom de la Grande-Bretagne; M. Baillie au nom de la Russie, et Achmet-bey au nom de la Porte.

— Et vous n'avez exclu personne de la capitulation?

— Personne.

— Diable! diable! Pas même Caracciolo? pas même la San-Felice?

— Personne.

— Mon cher capitaine, je fais mettre les chevaux à la voiture et je pars pour la Ficuzza : vous vous tirerez de là comme vous pourrez. Une amnistie générale, après une pareille rébellion! Ça ne s'est jamais vu. Mais que vont dire mes lazzaroni si, pour les amuser, on ne leur pend pas au moins une douzaine de républicains? Ils vont dire que je suis un ingrat.

— Et qui empêchera qu'on ne les pende? demanda la voix impérieuse de Caroline, qui, ayant appris qu'un officier anglais, porteur de nouvelles importantes, venait d'arriver chez le roi, s'était dirigée vers l'appartement de son mari, était entrée sans être vue et avait entendu le regret exprimé par Ferdinand.

— Messieurs nos alliés, madame, qui ont traité avec les rebelles et qui, à ce qu'il paraît, leur ont assuré la vie sauve.

— Et qui a osé faire cela? demanda la reine avec une telle rage, que l'on entendit grincer ses dents les unes contre les autres.

— Le cardinal, madame, répondit le capitaine Foote d'une voix calme et assurée, et nous avec lui.

— Le cardinal! dit la reine en jetant un regard de côté à son mari comme pour lui dire : « Vous voyez! voilà ce qu'a fait votre créature! »

— Et Son Éminence, continua le capitaine, prie Votre Majesté de prendre connaissance de la capitulation.

Et, en même temps, il présenta le pli à la reine.

— C'est bien, monsieur, dit celle-ci; nous vous remercions de la peine que vous avez prise.

Et elle lui tourna le dos.

— Pardon, madame, dit le capitaine Foote avec le même calme; mais je n'ai accompli que la moitié de ma mission.

— Acquittez-vous au plus vite de l'autre moitié, monsieur, dit la reine : vous comprenez que j'ai hâte de lire cette curieuse pièce.

— J'achèverai de la façon la plus laconique qu'il me sera possible, madame. J'ai rencontré l'amiral Nelson à la hauteur des îles Lipari; je lui ai dit la teneur de la capitulation : il m'a ordonné de prendre les ordres de Votre Majesté et de les lui reporter immédiatement.

La reine, aux premiers mots, s'était retournée, et, regardant le capitaine anglais, elle dévorait, haletante, chacune de ses paroles.

— Vous avez rencontré l'amiral? s'écria-t-elle; il attend mes ordres? Alors, tout n'est point perdu. Venez avec moi, sire !

Mais ce fut vainement qu'elle chercha des yeux le roi : le roi avait disparu.

— Bon! dit-elle, je n'ai besoin de personne pour faire ce qui me reste à faire !

Puis, se tournant vers le capitaine :

— Dans une heure, capitaine, vous aurez notre réponse.

Et elle sortit.

Un instant après, on entendit retentir furieusement la sonnette de la reine.

C'était la marquise de San-Clemente qui était de service près de Caroline : elle accourut.

— Je vous annonce une bonne nouvelle, ma chère marquise, dit la reine : votre ami Nicolino ne sera pas pendu.

C'était la première fois que la reine, parlant à la marquise, faisait allusion aux amours de sa dame d'honneur.

Celle-ci reçut le coup en pleine poitrine, et, un instant, en fut suffoquée ; mais elle n'était pas femme à laisser sans réponse une pareille apostrophe.

— Je m'en félicite d'abord, dit-elle, mais ensuite j'en félicite Votre Majesté. Un Caracciolo tué ou pendu laisse toujours une terrible tache sur un règne.

— Non point quand ils soufflettent les reines; car, alors, ils descendent au rang de crocheteurs (1); non point quand ils conspirent contre les rois, car ils descendent au rang des traîtres.

(1) Caracciolo Sergiani, amant de la reine Jeanne, eut l'imprudence, dans une querelle avec sa royale maîtresse, de lui donner un soufflet; un coup de hache, qui lui coupa la tête en deux, vengea cet outrage fait à la royauté.

— Je présume, répondit la marquise de San-Clemente, que Votre Majesté ne m'a point fait l'honneur de m'appeler près d'elle pour entamer avec moi une discussion historique ?

— Non, dit la reine : je vous ai fait appeler pour vous dire que, si vous voulez porter vous-même nos félicitations à votre amant, rien ne vous retient ici...

La San-Clemente salua en signe d'adhésion.

— Et ensuite, continua la reine, pour prévenir lady Hamilton que je l'attends à l'instant même.

La marquise sortit. La reine l'entendit donner l'ordre à son valet de pied de prévenir Emma Lyonna.

Elle alla vivement à la porte, et, la rouvrant avec colère :

— Pourquoi transmettez-vous cet ordre à un autre, marquise, quand c'est à vous que je l'ai donné? cria-t-elle avec cette voix stridente qui annonçait chez elle le paroxysme de la colère.

— Parce que, n'étant plus au service de Votre Majesté, je n'ai d'ordre à recevoir de personne, pas même de la reine.

Et elle disparut dans les corridors.

— Insolente! s'écria Caroline. Oh! si je ne me venge pas, je mourrai de rage.

Emma Lyonna accourut, et trouva la reine se

roulant sur un canapé, et mordant les coussins à belles dents.

— Ah! mon Dieu!... qu'a donc Votre Majesté? Qu'est-il arrivé?

La reine, à sa voix, se redressa et bondit sur la belle Anglaise comme une panthère.

— Ce qui est arrivé, Emma? Il est arrivé que, si tu ne viens pas à mon aide, la royauté est à jamais déshonorée, et que je n'ai plus qu'à retourner à Vienne et à y vivre en simple archiduchesse d'Autriche!

— Bon Dieu! et moi qui accourais vers Votre Majesté toute joyeuse! On me disait que tout était fini, que Naples était reprise, et j'étais sur le point d'écrire à Londres que l'on nous envoyât ce qu'il y avait de plus nouveau et de plus frais en robes de bal, pour les fêtes auxquelles je prévoyais que votre retour donnerait lieu!

— Des fêtes! Si nous donnons des fêtes pour notre retour à Naples, on pourra les appeler les fêtes de la honte! Des fêtes! Il s'agit bien de fêtes! Oh! misérable cardinal!

— Comment, madame, s'écria Emma, c'est contre le cardinal que Votre Majesté se met dans une pareille colère?

— Oh! quand tu sauras ce que ce faux prêtre a fait!

— Il ne peut rien faire qui vous donne le droit de tuer vous-même, comme vous le faites, votre chère beauté. Qu'est-ce que ces rougeurs sur vos beaux bras? Ces traces de vos dents, laissez-moi les enlever avec mes lèvres. Qu'est que ces larmes qui brûlent vos beaux yeux? Laissez-moi les sécher avec mon haleine. Qu'est-ce que ces morsures qui ensanglantent vos lèvres ? Laissez-moi recueillir ce sang avec mes baisers. Oh ! la méchante reine, qui fait grâce à tous, excepté à elle !

Et, tout en parlant, lady Hamilton promenait sa bouche des bras de Caroline à ses yeux, et de ses yeux à ses lèvres !

Le sein de la reine se gonfla comme si à la colère venait se joindre un sentiment plus doux, mais non moins puissant.

Elle jeta son bras autour du cou d'Emma et l'entraîna avec elle sur un canapé.

— Oh! oui, toi seule m'aimes! dit-elle en lui rendant ses caresses avec une espèce de fureur.

— Et je vous aime pour tous, répondit Emma à demi étouffée par les étreintes de la reine, croyez-le bien, ma royale amie !

— Eh bien, si tu m'aimes véritablement, dit la

reine, le moment est venu de m'en donner la preuve.

— Que Votre chère Majesté donne ses ordres, et j'obéirai : voilà tout ce que je puis lui dire.

— Tu sais ce qui arrive, n'est-ce pas ?

— Je sais qu'un officier anglais est venu vous apporter, de la part du cardinal, une capitulation.

— Tiens ! dit la reine en montrant des fragments de papier épars et froissés sur le tapis, la voilà, sa capitulation ! Oh ! traiter avec ces misérables ! leur garantir la vie sauve ! leur donner des bâtiments pour les conduire à Toulon ! Comme si l'exil était une punition suffisante pour le crime qu'ils ont commis ! Et cela, cela, continua la reine avec un redoublement de rage, lorsque j'avais écrit de ne faire grâce à personne !

— Pas même au beau Rocca-Romana ? demanda Emma en souriant.

— Rocca-Romana, dit la reine, a racheté sa faute en revenant à nous. Mais il ne s'agit point de cela, continua la reine en pressant Emma sur sa poitrine. Écoute ! un espoir me reste, et, je te l'ai dit, cet espoir repose tout entier sur toi.

— Alors, ma belle reine, dit Emma écartant les cheveux de Caroline et l'embrassant au front, si tout dépend de moi, rien n'est perdu.

— De toi... et de Nelson, dit la reine.

Un sourire d'Emma Lyonna répondit à Caroline plus éloquemment que n'eussent pu le faire des paroles, si affirmatives qu'elles fussent.

— Nelson, continua la reine, n'a point signé au traité : il faut qu'il refuse de le ratifier.

— Mais je croyais qu'en son absence, le capitaine Foote avait signé en son nom?

— Eh! justement, là sera sa force. Il dira que, n'ayant pas donné de pouvoirs au capitaine Foote, le capitaine Foote n'avait point le droit de faire ce qu'il a fait.

— Eh bien? demanda Emma.

— Eh bien, il faut que tu obtiennes de Nelson, — et ce sera pour toi chose facile, enchanteresse! — il faut que tu obtiennes de Nelson qu'il fasse, de cette capitulation, ce que j'en ai fait, — qu'il la déchire.

— On essayera, dit lady Hamilton avec son sourire de sirène. Mais où est-il, Nelson?

— Il croise à la hauteur des îles Lipari ; il attend Foote avec mes ordres : eh bien, ces ordres, c'est toi qui iras les lui porter. Crois-tu qu'il sera heureux de te voir? crois-tu que ces ordres, il aura l'idée de les discuter, quand ils tomberont un à un de ta bouche?

— Et les ordres de Votre Majesté sont...?

— Pas de traité, pas de grâce. Comprends-tu? Un

Caracciolo, par exemple, qui nous a insultés, qui m'a trahie ! cet homme s'en va, sain et sauf, prendre du service, en France peut-être, pour revenir contre nous et débarquer les Français dans quelque coin de notre royaume qu'il saura sans défense ! Est-ce que tu ne veux pas comme moi qu'il meure, cet homme, dis ?

— Moi, je veux tout ce que ma reine veut.

— Eh bien, ta reine, qui connaît ton bon cœur, veut que tu lui jures de ne te laisser attendrir par aucune prière, par aucune supplication. Jure-moi donc que, visses-tu à tes genoux les mères, les sœurs, les filles des condamnés, tu répondrais ce que je répondrais moi-même : « Non ! non ! non ! »

— Je vous jure, ma chère reine, d'être aussi impitoyable que vous.

— Eh bien, c'est tout ce qu'il me faut. Oh ! chère lady de mon cœur ! c'est à toi que je devrai le plus beau diamant de ma couronne, la dignité ; car, je te le jure à mon tour, si ce honteux traité tenait, je ne rentrerais jamais dans ma capitale !

— Et maintenant, dit Emma en riant, tout est arrangé, sauf une tout petite chose. Je ne suis pas gênée par sir William ; cependant je ne puis ainsi courir les mers toute seule et rejoindre Nelson sans lui.

— Je m'en charge, dit la reine : je lui donnerai une lettre pour Nelson.

— Et à moi, que me donnerez-vous ?

— Ce baiser d'abord (la reine appuya passionnément ses lèvres sur celles d'Emma), puis ensuite tout ce que tu voudras.

— C'est bien, dit Emma en se levant. A mon retour, nous réglerons nos comptes.

Puis, faisant une révérence cérémonieuse à la reine :

— Quand Votre Majesté l'ordonnera, dit-elle : son humble servante est prête.

— Il n'y a pas une minute à perdre : j'ai promis à cet idiot d'Anglais que, dans une heure, il aurait ma réponse.

— Je reverrai la reine ?

— Je ne te quitterai qu'au moment où tu monteras dans la barque.

La reine, ainsi qu'elle l'avait prévu n'eut pas de peine à déterminer sir William à se charger de son refus, et, une heure après avoir quitté le capitaine Foote, elle l'invitait à recevoir à bord du *Sea-Horse* sir William, chargé de ses ordres écrits.

Mais les véritables ordres étaient ceux qu'Emma avait reçus entre deux baisers et qu'elle devait, de la même manière, transmettre à Nelson.

Comme elle le lui avait promis, la reine ne quitta lady Hamilton que sur le quai de Palerme, et, tant qu'elle put l'apercevoir dans l'obscurité, elle continua de la saluer en agitant son mouchoir.

Voilà comment sir William Hamilton et **Emma** Lyonna, étaient à bord du *Foudroyant.*

On a vu par la lettre qu'avait reçue le cardinal, que la belle ambassadrice avait complétement réussi dans sa misssion.

Le cardinal, en entrant dans la cabine de l'amiral anglais, avait jeté un coup d'œil rapide sur les deux personnes qu'elle renfermait.

Sir William était assis dans un fauteuil, devant une table sur laquelle se trouvaient de l'encre, des plumes, du papier, et, sur ce papier, les morceaux de la capitulation déchirée par la reine.

Emma Lyonna était couchée sur un canapé, et, comme on était aux mois chauds de l'année, se faisait de l'air avec une éventail de plumes de paon.

Nelson, entré derrière le cardinal, lui montra un fauteuil et s'assit en face de lui sur l'affût d'un canon, ornement guerrier de sa cabine.

En voyant entrer le cardinal, sir William s'était levé ; mais Emma Lyonna s'était contentée de lui faire une simple inclination de tête.

Sur le pont, la réception faite au cardinal Ruffo

par l'équipage, et cela, malgré les cent coups de canon dont on avait salué sa venue, n'avait guère été plus polie, et, si le cardinal eût aussi bien compris la langue parlée par les matelots qu'il comprenait la langue écrite par Pope et par Milton, il eût certes porté plainte à l'amiral des insultes faites à sa robe et à son caractère, et dont une des moins graves, que Nelson avait fait semblant de ne pas entendre, était : « A la mer, le homard papiste ! »

Ruffo salua les deux époux d'un air moitié sabre et moitié chapelet, et, s'adressant à l'ambassadeur d'Angleterre :

— Sir William, dit-il, je suis heureux de vous rencontrer ici, non-seulement parce que vous allez, je l'espère du moins, servir d'interprète entre milord Nelson et moi, mais encore parce que la lettre que Votre Seigneurie m'a fait l'honneur de m'écrire vous engage vous-même dans la question et y engage le gouvernement que vous représentez.

Sir William s'inclina.

— Que Votre Éminence, répondit-il, veuille bien dire à milord Nelson ce qu'elle a à répondre à cette lettre, et j'aurai l'honneur de traduire aussi fidèlement que possible à Sa Grâce la réponse de Votre Éminence.

— J'ai à répondre que, si milord était arrivé plus

tôt dans la baie de Naples, et eût été mieux renseigné sur les événements qui s'y sont passés, au lieu de désapprouver les traités, il les eût signés comme moi et avec moi.

Sir William transmit cette réponse à Nelson, qui secoua la tête avec un sourire de dénégation.

Ce signe n'avait pas besoin d'être traduit. Ruffo se mordit les lèvres.

— Je persiste à croire, continua le cardinal, que milord Nelson ou ne sait rien ou a été mal conseillé. Dans l'un et l'autre cas, c'est à moi de l'édifier sur la situation.

— Édifiez-nous, monsieur le cardinal. En tout cas, la chose ne sera point difficile. L'édification, par la parole ou par l'exemple est un de vos devoirs.

— J'y tâcherai, dit le cardinal avec son fin sourire, quoique j'aie le malheur de parler à des hérétiques; ce qui m'ôte, vous en conviendrez, plus de la moitié de ma chance.

Ce fut à sir William de se mordre les lèvres.

— Parlez, dit-il; nous vous écoutons.

Alors, le cardinal commença en français, la seule langue, au reste, que l'on eût parlée jusque-là, la narration des événements du 13 et du 14 juin. Il dit le terrible combat contre Schipani, la défense du curé Toscano et de ses Calabrais, qui avaient préféré se faire sauter plutôt que se rendre. Il fit, avec une fidélité rare, le bulletin de chaque jour, depuis la journée du 14 jusqu'à cette meurtrière sortie de la nuit du 18 au 19, dans laquelle les républicains avaient encloué les batteries de la ville, égorgé, depuis le premier jusqu'au dernier homme, tout un bataillon d'Albanais; avaient jonché de morts la rue de Tolède et avaient perdu seulement une douzaine d'hommes. Enfin, il en arriva à la nécessité où il s'était vu de proposer une trêve et de signer un armistice, dans la conviction où il était qu'un second échec éprouvé découragerait les sanfédistes, qu'il devait avouer être bien plutôt des hommes de pillage que des soldats gardant leurs rangs dans la bonne comme dans la mauvaise fortune. Il ajouta qu'ayant su par le roi lui-même qu'une flotte franco-espagnole parcourait la Méditerranée, il avait craint que cette flotte ne se dirigeât vers le port de Naples ; ce qui remettait tout en question. Il s'était hâté, surtout dans cette prévision, voulant être maître des forts pour tenir le port en état de défense. Enfin, il termina en disant que, la capitulation ayant été faite volontairement et de bonne foi des deux côtés, devait être religieusement observée, et qu'agir d'une autre façon serait manquer au droit des gens.

Sir William traduisit à Nelson ce long plaidoyer en faveur de la foi due aux traités ; mais, lorsqu'il en fut à la crainte qu'avait eue le cardinal de voir arriver la flotte française dans la rade de Naples, Nelson interrompit le traducteur, et, avec l'accent de l'orgueil blessé :

— Monsieur le cardinal ne savait-il point, dit-il, que j'étais là, et craignait-il que je ne laissasse passer la flotte française pour venir prendre Naples ?

Sir William s'apprêta à traduire la réponse de l'amiral anglais ; mais le cardinal avait prêté une telle attention aux paroles que celui-ci venait de prononcer, qu'avant que l'ambassadeur eût eu le temps d'ouvrir la bouche :

— Votre Grâce, dit-il, a bien laissé passer une première fois la flotte française qui prit Malte : le même accident pouvait lui arriver une seconde fois.

Nelson se mordit lèvres ; Emma Lyonna resta muette et immobile comme une statue de marbre : elle avait laissé retomber son éventail de plumes, et, appuyée sur son coude, elle semblait une copie de l'Hermaphrodite Farnèse. Le cardinal jeta un regard sur elle, et il lui sembla, derrière ce masque impassible, voir le visage courroucé de la reine.

— J'attends une réponse de milord, insista froidement le cardinal; une question n'est point une éponse.

— Cette réponse, je la ferai pour Sa Grâce, répliqua sir William : *Les souverains ne traitent pas avec leurs sujets rebelles.*

— Il est possible, reprit Ruffo, que les souverains *ne traitent* pas avec leurs sujets rebelles ; mais, une fois que les sujets rebelles *ont traité* avec leurs souverains, le devoir de ceux-ci est de respecter les traités.

— Cette maxime, répondit l'amiral anglais, est peut-être celle de M. le cardinal Ruffo ; mais, à coup sûr, elle n'est pas celle de la reine Caroline, et, si M. le cardinal doute, malgré notre affirmation, vous pouvez lui montrer les morceaux du traité déchirés par la reine, morceaux ramassés de la main de lady Hamilton sur le parquet de la chambre à coucher de Sa Majesté, et apportés par elle à bord du *Foudroyant*. Je ne sais quelles instructions Son Éminence a reçues comme vicaire général ; mais, quant à moi (et il montra du doigt le traité déchiré), voilà celles que j'ai reçues comme amiral commandant la flotte.

Lady Hamilton fit de la tête un imperceptible signe d'approbation, et, plus que jamais, le cardinal parut convaincu qu'elle représentait dans cette conférence sa royale amie.

Or, comme il vit que Nelson donnait raison à Hamilton, qu'il comprit qu'il s'agissait dans cette circonstance d'entrer en lutte non-seulement avec Hamilton, qui n'était que l'écho de sa femme, mais encore avec cette bouche de pierre qui apportait la mort de la part de la reine, et qui, comme la mort, était muette, il se leva et, s'avançant vers la table devant laquelle était assis Hamilton, déploya un des fragments du traité froissé par les mains fiévreuses de Caroline, et reconnut d'autant mieux que c'était un morceau de ce traité, que c'était la portion qui contenait son cachet et sa signature.

— Qu'avez-vous à répondre à cela, monsieur le cardinal? demanda avec un sourire railleur l'ambassadeur d'Angleterre.

— Je répondrai, monsieur, dit le cardinal, que, si j'étais roi, j'aimerais mieux déchirer de mes mains mon manteau royal qu'un traité signé en mon nom par l'homme qui viendrait de reconquérir mon royaume.

Et il laissa dédaigneusement retomber sur la table le morceau de papier qu'il tenait à la main.

— Mais enfin, reprit avec impatience l'ambassadeur, vous regardez, je l'espère, le traité comme déchiré, non-seulement matériellement, mais encore moralement.

— Immoralement, voulez-vous dire !

Nelson, voyant que la discussion se prolongeait, et ne pouvant juger du sens des paroles que par la physionomie des interlocuteurs, se leva à son tour, et, s'adressant à sir Willam :

— Il est inutile de discuter plus longtemps, dit-il. Si nous devons nous battre à coups de sophismes et d'arguties, certainement le cardinal l'emportera sur l'amiral. Contentez-vous donc, mon cher Hamilton, de demander à Son Éminence si elle s'obstine, oui ou non, à maintenir les traités.

Sir William répéta à Ruffo la demande de Nelson traduite en français. Ruffo l'avait comprise, à peu près ; mais l'importance de la question était telle, qu'il ne voulait répondre qu'après l'avoir comprise tout à fait.

Et, comme sir William accentuait soigneusement la dernière phrase :

— Les représentants des puissances alliées étant intervenus dans le traité que Votre Seigneurie veut rompre, dit-il en s'inclinant, je ne puis répondre que pour mon compte, et cette réponse, je l'ai déjà faite à MM. Troubridge et Ball.

— Et cette réponse est...? demanda sir William.

— J'ai engagé ma signature et, en même temps que ma signature, mon honneur. Autant qu'il sera en mon pouvoir, je ne laisserai faire tache ni à l'une ni à l'autre. Quant aux honorables capitaines qui ont signé le traité en même temps que moi, je leur transmettrai les intentions de milord Nelson, et ils sauront ce qu'ils ont à faire. Cependant, comme, en pareille matière, un mot mal rapporté suffit à changer le sens de toute une phrase, je serais obligé à milord Nelson, de me donner par écrit son *ultimatum*.

La requête de Ruffo fut transmise à l'amiral.

— Dans quelle langue Son Éminence désire-t-elle que cet ultimatum soit écrit? demanda Nelson.

— En anglais, répondit le cardinal: je lis l'anglais, et le capitaine Baillie est Irlandais. D'ailleurs, je tiens à avoir une pièce si importante écrite tout entière de la main de l'amiral.

Nelson fit un signe de tête indiquant qu'il ne voyait aucun inconvénient à satisfaire aux désirs du cardinal, et, de cette écriture renversée particulière aux gens qui écrivent de la main gauche, il traça les lignes suivantes, que nous regrettons de ne point avoir fait autographier tandis que nous étions à Naples et que nous avions l'original sous les yeux :

« Le grand amiral lord Nelson est arrivé le 24 juin

avec la flotte britannique dans la baie de Naples, où il a trouvé qu'un traité avait été conclu avec les rebelles, traité qui, selon lui, ne peut recevoir son exécution qu'après avoir été ratifié par Leurs Majestés Siciliennes.

» H. Nelson. »

L'ambassadeur prit la déclaration des mains de l'amiral anglais et s'apprêta à la lire au cardinal ; mais celui-ci fit signe que la chose était inutile, la prit, à son tour, des mains de l'ambassadeur, la lut et, saluant, une fois sa lecture terminée :

— Milord, dit-il, il me reste maintenant une dernière grâce à vous demander : c'est de me faire conduire à terre.

— Que Votre Éminence veuille bien monter sur le pont, répondit l'amiral, et les mêmes hommes qui l'ont amenée auront l'honneur de la reconduire.

Et, en même temps, l'amiral indiquait de la main l'escalier à Ruffo.

Ruffo monta les quelques marches qu'il avait devant lui et se trouva sur le pont.

Nelson se tint sur la première marche de l'escalier d'honneur jusqu'à ce que le cardinal fût dans la barque. Ils échangèrent alors un froid salut. La barque se détacha du bâtimemt et s'éloigna. Mais les canons qui, selon le cérémonial d'usage, eussent dû saluer le départ du même nombre de coups que l'arrivée, restèrent silencieux.

L'amiral suivit quelque temps des yeux le cardinal; mais bientôt une petite main s'appuya sur son épaule, tandis qu'un souffle murmurait à son oreille :

— Mon cher Horatio !

— Ah ! c'est vous, milady ! dit Nelson en tressaillant.

— Oui... L'homme que nous avons fait prévenir est là.

— Quel homme ? demanda Nelson.

— Le capitaine Scipion Lamarra.

— Et où est-il ?

— On l'a fait entrer chez sir William.

— Apporte-t-il des nouvelles de Caracciolo? demanda vivement Nelson.

— Je n'en sais rien, mais c'est probable. Seulement, il a cru prudent de se cacher, pour ne pas être reconnu du cardinal, dont il est un des officiers d'ordonnance.

— Allons le rejoindre. A propos, avez-vous été content de moi, milady ?

— Vous avez été admirable, et je vous adore.

Et, sur cette assurance, Nelson prit tout joyeux le chemin de l'appartement de sir William.

LXXVII

OÙ LE CARDINAL FAIT CE QU'IL PEUT POUR SAUVER LES PATRIOTES, ET OU LES PATRIOTES FONT CE QU'ILS PEUVENT POUR SE PERDRE.

Comme nous ne saurions manquer d'apprendre bientôt ce qui se passa entre l'amiral Nelson et le capitaine Scipion Lamarra, suivons le cardinal, qui revient à terre avec l'intention bien positive, ainsi qu'il l'a dit à Nelson, de maintenir le traité envers et contre tous.

En conséquence, aussitôt rentré dans sa maison du pont de la Madeleine, il appela près de lui le ministre Micheroux, le commandant Baillie et le capitaine Achmet. Il leur raconta comment le capitaine Foote avait, sur son chemin, rencontré l'amiral, et comment il avait ramené de Palerme, à bord du *Foudroyant*, sir William et Emma Lyonna, laquelle avait rapporté, pour toute réponse de la reine, le traité déchiré par elle. Après quoi, il leur raconta son entrevue avec Nelson, sir William et lady Hamilton, et leur demanda s'ils auraient le honteux courage de consentir à la violation d'un traité dans lequel ils étaient intervenus comme ministres plénipotentiaires de leurs souverains.

Les trois représentants, — celui du roi de Sicile, Micheroux, — celui de Paul Ier, Baillie, — celui du sultan Selim, Achmet, — montrèrent tous trois, à cette proposition, une indignation égale.

Alors, séance tenante, le cardinal appela son secrétaire Sacchinelli, et, en son nom et en celui des trois signataires de la capitulation, rédigea la protestation suivante.

Est-il besoin de dire que cette pièce — comme toutes les autres qui ont été publiées dans ce livre — fait partie des correspondances secrètes retrouvées par nous dans les tiroirs réservés du roi Ferdinand II ?

La voici, sans autre changement que sa traduction en français :

« Le traité de la capitulation des châteaux de Naples est utile, nécessaire et honorable aux armes du roi des Deux-Siciles et de ses puissants alliés, le roi de la Grande-Bretagne, l'empereur de toutes les Russies et le sultan de la Sublime Porte ottomane, attendu que, sans autre effusion de sang, a été terminée par ce traité la guerre civile et meurtrière qui s'était élevée entre les sujets de Sa Majesté, et que ce traité a pour résultat l'expulsion de l'ennemi commun.

» En outre, ce traité ayant été solennellement conclu entre les commandants des châteaux et les représentants desdites puissances, ce serait commettre un abominable attentat contre la foi publique que de le violer ou même de ne pas le suivre exactement. En suppliant lord Nelson de le reconnaître, les représentants desdites puissances déclarent être irrévocablement déterminés à l'exécuter de point en point, et ils font responsable de sa violation devant Dieu et devant les hommes quiconque s'opposera à son exécution. »

Ruffo signa, et les trois autres signèrent après lui.

En outre, Micheroux, qui craignait avec raison des représailles contre les otages, attendu que, parmi ces otages, il avait un parent, le maréchal Micheroux ; en outre, Micheroux, disons-nous, tint à porter lui-même cette remontrance à bord du *Foudroyant*. Mais tout fut inutile : Nelson ne voulut, ni de vive voix ni par écrit, rien affirmer au nom de Ferdinand. Et, en effet, lui-même ignorait quelles étaient les intentions définitives du roi, puisque, pour échapper aux premiers éclats de colère de la reine, Ferdinand avait, comme on l'a vu, fait mettre les chevaux à sa voiture et s'était réfugié à la Ficuzza.

Mais, pour Ruffo, la chose était claire, et les lettres qu'il avait reçues du roi et de la reine lui avaient indiqué le chemin que ceux-ci comptaient suivre; et, s'il eût conservé le moindre doute à cet égard, la muette mais inflexible Emma Lyonna, sphinx chargé de garder le secret de la reine, les eût dissipés.

La matinée du 25 juin se passa en continuelles allées et venues du *Foudroyant* au quartier général et du quartier général au *Foudroyant*. Troubridge et Ball, de la part de Nelson, et Micheroux, de la part du cardinal, furent les ambassadeurs inutiles de cette longue conférence; nous disons inutiles parce que Nelson et Hamilton, inspirés tous deux par le même génie, se montrèrent de plus en plus obstinés dans la rupture du traité et dans la reprise des hostilités, tandis que le cardinal s'obstinait de plus en plus à faire respecter la capitulation.

Ce fut alors que le cardinal, ne voulant pas être confondu avec les violateurs du traité, prit la résolution d'écrire au général Massa, commandant du Château-Neuf, un billet de sa propre main.

Il était conçu en ces termes :

« Bien que les représentants des puissances alliées tiennent pour sacré et inviolable le traité signé entre nous pour la reddition des châteaux, le contre-amiral Nelson, commandant de la flotte anglaise, ne veut pas néanmoins le reconnaître ; et, comme il est loisible aux patriotes des châteaux de faire valoir en leur faveur l'article 5, et, comme ont fait les patriotes de San-Martino, qui sont presque tous partis par terre, de choisir ce moyen de salut, je leur fais cette ouverture et leur donne cet avis, ajoutant que les Anglais qui commandent le golfe n'ont aucun poste ni aucunes troupes qui puissent empêcher les garnisons des châteaux de se retirer par terre.

» F., cardinal RUFFO. »

Le cardinal espérait ainsi sauver les républicains. Mais, par malheur, ceux-ci, dans leur aveuglement, tenaient Ruffo pour leur plus cruel ennemi. Ils crurent donc que sa proposition cachait quelque piége ; et, après une délibération, dans laquelle Salvato insista vainement pour que l'on acceptât la proposition de Ruffo, on résolut, à une majorité immense, de la refuser, et, au nom de tous les patriotes, Massa répondit la lettre suivante :

LIBERTÉ   ÉGALITÉ

Le général Massa, commandant de l'artillerie et du Château-Neuf.

« 26 juin 1799.

» Nous avons donné à votre lettre l'interprétation

qu'elle méritait. Fermes dans notre devoir, nous observerons religieusement les articles du traité convenu, convaincus qu'un même lien oblige tous les contractants solennellement intervenus pour la rédaction et la signature de ce traité. Au reste, nous ne serons, quelque chose qui arrive, ni surpris ni intimidés, et nous saurons, si l'on nous y contraint par la violence, reprendre l'attitude hostile que nous avons volontairement quittée. Et, d'ailleurs, notre capitulation ayant été dictée par le commandant du château Saint-Elme, nous demandons une escorte pour accompagner le messager que nous enverrons conférer de votre ouverture avec le commandant français, — conférence après laquelle nous vous donnerons une réponse plus précise.

» Massa. »

Le cardinal, au désespoir de voir ses intentions si mal interprétées, envoya à l'instant même l'escorte demandée, chargeant le chef de cette escorte, qui n'était autre que de Cesare, d'affirmer aux patriotes, sur son honneur, qu'ils se perdaient en ne profitant point du conseil qu'il leur donnait.

Salvato fut choisi pour aller discuter avec Mejean sur ce qu'il y avait de mieux à faire dans cette grave circonstance.

C'était la troisième fois que Salvato et Mejean se retrouvaient en face l'un de l'autre.

Salvato, seulement, ne l'avait pas revu depuis le jour où Mejean avait, vis-à-vis de lui, abordé franchement la question de vendre sa protection aux Napolitains cinq cent mille francs, proposition qui, on se le rappelle, avait été si généreusement appuyée par Salvato, et qu'un faux point d'honneur avait fait repousser par le directoire.

Mejean avait, dans toutes les conférences qui avaient eu lieu pour la signature du traité, paru avoir oublié le honteux refus qu'il avait essuyé. Il avait longuement et obstinément discuté chaque article, et les patriotes reconnaissaient que c'était grâce à sa patiente obstination qu'ils avaient eu le bonheur d'obtenir des conditions que les plus optimistes d'entre eux étaient à cent lieues d'espérer.

Cette aide qu'il leur avait si gracieusement prêtée, rien, du moins, ne leur donnait soupçon du contraire, avait rendu au colonel Mejean la confiance des patriotes.

D'ailleurs, leur intérêt voulait qu'ils ne se brouillassent pas avec lui. Il pouvait, en prenant parti pour eux, les sauver; en prenant parti contre eux, les anéantir.

Mejean, en apprenant que c'était Salvato qui lui

était envoyé, fit sortir tout le monde; il ne voulait point que qui que ce fût restât à portée d'entendre les allusions que Salvato pouvait faire aux conditions qu'il avait mises à sa protection.

Il salua le jeune homme avec une politesse pleine de déférence et lui demanda à quel heureux motif il devait le bonheur de sa visite.

Salvato lui répondit en lui remettant le billet du cardinal, et le pria, au nom des patriotes, de leur donner un avis, ceux-ci promettant de s'y conformer.

Le colonel lut et relut avec la plus grande attention le billet du cardinal; puis, prenant une plume, au-dessous de sa signature, il écrivit un fragment de ce vers latin si significatif et si connu :

Timeo Danaos et dona ferentes.

Ce qui veut dire : « Je crains les Grecs, même lorsqu'ils portent des présents. »

Salvato lut les cinq mots écrits par le colonel Mejean.

— Colonel, lui dit-il, je suis d'un avis tout opposé au vôtre, et cela m'est d'autant plus permis que, seul avec Dominique Cirillo, j'ai appuyé la proposition de prendre vos cinq cents hommes à notre service et de les payer mille francs chaque homme.

— Cinq cents francs, général; car je m'engageais à faire venir cinq cents autres Français de Capoue. Vous voyez qu'ils ne vous eussent point été inutiles.

— C'était si bien mon opinion, que j'ai offert cinq cent mille francs sur ma propre fortune.

— Oh! oh! vous êtes donc millionnaire, mon cher général?

— Oui; mais, malheureusement, ma fortune est en terres. Il fallait emprunter de gré ou de force, en attendant, sur ce gage, mais attendre la fin de la guerre pour les rendre.

— Pourquoi? dit d'un ton railleur Mejean. Rome n'a-t-elle pas mis en vente et vendu un tiers au-dessus de sa valeur le champ sur lequel était campé Annibal?

— Vous oubliez que nous sommes des Napolitains du temps de Ferdinand, et non des Romains du temps de Fabius.

— De sorte que vous êtes resté maître de vos fermes, de vos forêts, de vos vignes, de vos troupeaux?

— Hélas! oui.

— *O fortunatos nimium sua si bona norint, agricolas!* continua le colonel d'un ton railleur.

— Cependant, monsieur le colonel, je suis encore assez riche d'argent comptant pour vous demander quelle somme vous demanderiez par chaque personne qui, ne se fiant pas à Nelson, viendrait vous demander une hospitalité que vous garantiriez sur l'honneur?

— Vingt mille francs; est-ce trop, général?

— Quarante mille francs pour deux, alors?

— Vous êtes libre de marchander si vous trouvez que c'est trop cher.

— Non : les deux personnes pour lesquelles je négocie cette affaire avec vous... car c'est une affaire?

— Une espèce de contrat synallagmatique, comme nous disons, nous autres comptables ; car il faut vous dire que je suis excellent comptable, général.

— Je m'en suis aperçu, colonel, dit en riant Salvato.

— C'est donc, comme j'avais l'honneur de vous le dire, une espèce de contrat synallagmatique dans lequel celui qui s'exécute oblige l'autre, mais dans lequel le manque d'exécution rompt le contrat.

— C'est bien entendu.

— Alors, vous ne trouvez pas que ce soit trop cher?

— Non, attendu que les deux personnes dont je vous parle peuvent racheter leur vie à ce prix-là.

— Eh bien, mon cher général, quand vos deux personnes voudront venir, elles seront les bienvenues.

— Et, une fois ici, elles ne vous demanderont que vint-quatre heures pour réaliser les fonds.

— Je leur en donnerai quarante-huit. Vous voyez que je suis beau joueur.

— C'est marché fait, colonel.

— Au revoir, général.

Salvato, toujours suivi de son escorte, redescendit vers le Château-Neuf. Il montra le *Timeo Danaos* de Mejean à Massa et au conseil, qui s'était assemblé pour décider de cette importante affaire. Or, comme l'avis de Mejean était celui de la majorité, il n'y eut pas de discussion; seulement, Salvato demanda à accompagner de Cesare et à reporter lui-même à Ruffo la réponse de Massa, afin de juger la situation par ses propres yeux.

La chose lui fut accordée sur-le-champ, et les deux jeunes gens qui, s'ils se fussent rencontrés sur le champ de bataille quinze jours auparavant, se fussent hachés en morceaux, s'en allèrent côte à côte, suivant le quai et réglant chacun le pas de son cheval sur celui de son compagnon.

LXXVIII

OÙ RUFFO FAIT SON DEVOIR D'HONNÊTE HOMME ET SIR WILLIAM HAMILTON SON MÉTIER DE DIPLOMATE

En moins de vingt minutes, les deux jeunes gens furent à la porte de la petite maison que le cardinal occupait près du pont de la Madeleine.

De Cesare servit d'introducteur à Salvato, qui parvint ainsi sans difficulté jusqu'auprès du cardinal.

Ruffo le reconnut, se leva en l'apercevant, et fit un pas vers lui.

— Heureux de vous revoir, général, lui dit-il.

— Et moi aussi, répondit Salvato, mais désespéré de rapporter un refus absolu à Votre Éminence.

Et il lui remit sa propre lettre avec l'apostille de Mejean.

Ruffo la lut et haussa les épaules.

— Le misérable! dit-il.

— Votre Éminence le connaît donc? demanda Salvato.

— Il m'a offert de me livrer le fort Saint-Elme pour cinq cent mille francs, et j'ai refusé.

— Cinq cent mille francs! dit en riant Salvato, il paraît que c'est son chiffre.

— Ah! vous avez eu affaire à lui?

— Oui : pour la même somme, il nous a offert de combattre contre vous.

— Et...?

— Et nous avons refusé.

— Laissons de côté ces coquins, — ils ne méritent pas que d'honnêtes gens s'occupent d'eux, — et revenons à vos amis, à qui je voudrais pouvoir persuader qu'ils sont aussi les miens.

— J'avoue, dit en riant Salvato, et cela à mon grand regret, que ce sera chose difficile.

— Peut-être pas tant que vous le croyez, si vous voulez être mon interprète auprès d'eux, d'autant plus que je vais agir envers vous comme j'ai fait à notre première entrevue. Je ferai même plus. A notre première entrevue, j'ai affirmé seulement; aujourd'hui, je vous donnerai des preuves.

— Je vous ai cru sur parole, monsieur le cardinal.

— N'importe! les preuves ne nuisent point quand il s'agit de la tête et de l'honneur. Asseyez-vous près de moi, général, et mesurez ce que je vais faire à sa valeur. Pour rester fidèle à ma parole, je trahis, je ne dis pas les intérêts, — je crois, au contraire, que je les sers, — mais les ordres de mon roi.

Salvato s'inclina, et, obéissant à l'invitation de Ruffo, il s'assit près de lui.

Le cardinal tira une clef de sa poche, et, posant la main sur le bras de Salvato :

— Les pièces que vous allez voir, dit-il, ce n'est point moi qui vous les ai montrées ; elles sont parvenues à votre connaissance n'importe comment ; vous inventerez une fable quelconque, et, si vous n'en trouvez pas, vous aurez recours aux roseaux du roi Midas.

Et, ouvrant son tiroir et présentant à Salvato la lettre de sir William Hamilton :

— Lisez d'abord cette pièce ; elle est tout entière de la main de l'ambassadeur d'Angleterre.

— Oh ! fit Salvato après avoir lu, je reconnais bien là la foi punique. « Comptons les canons d'abord, et, si nous sommes les plus forts, plus de traités. » Eh bien, après ?

— Après ? Ne voulant point discuter une affaire d'une telle importance avec de simples capitaines de vaisseau, je me suis rendu en personne à bord du *Foudroyant*, où j'ai eu une discussion d'une heure avec sir William et lord Nelson. Le résultat de cette discussion, dans laquelle j'ai refusé toute transaction avec ce que je crois mon devoir, a été cette pièce, comme vous le voyez, écrite tout entière de la main de milord Nelson.

Et il remit à Salvato la pièce qui commence par ces mots : « Le grand amiral Nelson est arrivé le 24 juin, » et qui se termine par ceux-ci : « Traité qui, selon son opinion, ne peut avoir lieu sans la ratification de Leurs Majestés Siciliennes. »

— Votre Éminence a raison, dit Salvato en rendant le papier au cardinal, et voilà, en effet, des pièces d'une haute importance historique.

— Maintenant, qu'avais-je à faire et qu'eussiez-vous fait à ma place ? Ce que j'ai fait; car les honnêtes gens n'ont pas deux manières de procéder. Vous eussiez écrit, n'est-ce pas ? aux commandants des châteaux, c'est-à-dire à vos ennemis, pour leur donner avis de ce qui se passait. Voici ma lettre : est-elle claire ? contient-elle plus ou moins que ce qu'à ma place vous eussiez écrit vous-même ? Elle est ce qu'elle doit être, c'est-à-dire un bon conseil donné par un ennemi loyal.

— Je dois dire, monsieur le cardinal, puisque vous voulez bien me prendre pour juge, que, jusqu'ici, votre conduite est aussi digne que celle de milord Nelson est...

— Inexplicable, interrompit Ruffo.

— Ce n'est pas tout à fait *inexplicable*, que j'allais dire, reprit Salvato en souriant.

— Et moi, mon cher général, dit Ruffo avec un abandon qui était un des entraînements de cette puissante organisation, moi, j'ai dit *inexplicable*, parce qu'inexplicable, en effet, pour vous qui ne connaissez pas l'amiral, elle est explicable pour moi. Écoutez-moi en *philosophe*, c'est-à-dire en homme *qui aime la sagesse ;* car la sagesse n'est rien autre chose que la vérité, et la vérité, je vais vous la dire sur Nelson. Puisse, pour son honneur, mon jugement être celui de la postérité !

— J'écoute Votre Éminence, dit Salvato, et je n'ai pas besoin de lui dire que c'est avec le plus grand intérêt.

Le cardinal reprit :

— Nelson n'est point, mon cher général, un homme de cour comme moi, ni un homme d'éducation comme vous. Excepté son état de marin, il ne connaît rien au monde ; seulement, il a le génie de la mer. Non : Nelson, c'est un paysan, un bouledogue de la vieille Angleterre, un grossier marin, fils d'un simple pasteur de village, qui, toujours isolé du monde sur son bâtiment, n'est jamais entré ou plutôt n'était jamais entré, avant Aboukir, dans un palais, n'avait jamais salué un roi, mis un genou en terre devant une reine. Il est arrivé à Naples, lui, le navigateur des terres australes, habitué à disputer aux ours blancs leurs cavernes de glace ; il a été ébloui par l'éclat du soleil, aveuglé par le feu des diamants. Lui, l'époux d'une bourgeoise, d'une mistress Nisbeth, il a vu la reine lui donner sa main et une ambassadrice ses lèvres à baiser, — et non pas une reine et une ambassadrice; je me trompe ; non pas deux femmes, deux sirènes ! — alors, il est devenu purement et simplement l'esclave de l'une et le serviteur de l'autre. Toutes les notions du bien et du mal ont été confondues dans ce pauvre cerveau ; les intérêts des peuples ont disparu devant les droits fictifs ou réels des souverains. Il s'est fait l'apôtre du despotisme, le séide de la royauté. Si vous l'aviez vu hier, pendant cette conférence où la royauté était représentée par ce que *l'Ecclésiaste* appelle l'Étrangère, par cette Vénus Astarté, par cette impure Lesbienne ! Ses yeux, ou plutôt son œil ne quittait point ses yeux : la haine et la vengeance parlaient par la bouche muette de cette ambassadrice de la mort. J'avais pitié, je vous le jure, de cet autre Adamastor, mettant volontairement sa tête sous le pied d'une femme. Au reste, tous les grands hommes, — et, à tout prendre, Nelson est un grand homme, — tous les grands hommes ont de ces défaillances-là, d'Hercule à Samson et de Samson à Marc-Antoine. J'ai dit.

— Mais, répondit Salvato, quel que soit le sentiment qui fait agir Nelson, il n'en est pas moins un adversaire mortel pour nous. Que compte faire Votre Éminence pour neutraliser cette force brutale inaccessible à toute raison?

— Ce que je compte faire, mon cher général? Vous allez le voir.

Le cardinal prit une feuille de papier qu'il tira devant lui, une plume qu'il trempa dans l'encre, et écrivit :

« Si milord Nelson ne veut pas reconnaître le traité signé par le cardinal Ruffo avec les commandants des châteaux de Naples, traité auquel est intervenu, au nom du roi de la Grande-Bretagne, un officier anglais, toute la responsabilité de la rupture lui en restera. En conséquence, pour empêcher autant qu'il sera en lui la rupture de ce traité, le cardinal Fabrizzio Ruffo prévient milord Nelson qu'il remettra l'ennemi dans l'état où il était avant la signature du traité, c'est-à-dire qu'il retirera ses troupes des positions occupées depuis la capitulation et se retranchera dans un camp avec toute son armée, laissant les Anglais combattre et vaincre l'ennemi avec leurs propres forces. »

Et il signa.

Puis il passa le papier à Salvato en l'invitant à le lire.

Le cardinal suivait des yeux sur le visage du jeune homme l'effet produit par cette lecture.

Puis, quand elle fut terminée :

— Eh bien ? demanda-t-il.

— Le cardinal de Richelieu n'eût pas fait si bien ; Bayard n'eût pas fait mieux, répondit Salvato.

Et il rendit le papier au cardinal en s'inclinant devant lui.

Le cardinal sonna ; son valet de chambre entra.

— Faites venir Micheroux, dit-il.

Cinq minutes après, Micheroux entra.

— Tenez, mon cher chevalier, dit-il, Nelson m'a donné son ultimatum ; voici le mien. Allez, pour la dixième fois, au *Foudroyant* ; seulement, je puis vous promettre une chose, c'est que ce voyage sera le dernier.

Micheroux prit la dépêche tout ouverte, avec l'autorisation de Ruffo, la lut, salua et sortit.

— Montez donc avec moi sur la terrasse de la

maison, général, dit Ruffo ; on a de là une vue magnifique.

Salvato suivit le cardinal ; car il pensait que ce n'était pas sans raison que celui-ci l'invitait à venir contempler une vue qu'il devait parfaitement connaître.

Une fois arrivé sur la terrasse de la maison, il distinguait en effet, à sa droite, le quai de Marinella, la strada Nuova, la strada del Piliere et le môle ; à sa gauche, Portici, Torre-del-Greco, Castellamare, le cap Campana, Capri; en face de lui, la pointe de Procida et d'Ischia, et, dans l'intervalle compris entre ces îles, Capri et le rivage sur lequel était bâtie la maison habitée par le cardinal, toute la flotte anglaise, ses pavillons au vent et ses artilleurs se promenant mèche allumée derrière leurs canons.

Au milieu des bâtiments anglais, comme un monarque au milieu de ses sujets, s'élevait *le Foudroyant*, géant de quatre-vingt-dix canons, qui dépassait les autres bâtiments de toute la hauteur de ses mâts de perroquet sur l'un desquels, il portait le pavillon amiral.

Au milieu de ce grand et solennel spectacle, les détails n'échappaient point à l'œil exercé de Salvato. En conséquence, il vit une barque se détacher de la plage et s'avancer rapidement sous l'action de quatre vigoureux rameurs.

Cette barque, qui portait le chevalier Micheroux, se dirigeait droit vers *le Foudroyant*, qu'elle eut joint en moins de vingt minutes. *Le Foudroyant*, au reste, était, de tous les bâtiments, celui qui se tenait le plus rapproché du Château-Neuf. En supposant que les hostilités recommençassent, il pouvait ouvrir immédiatement le feu, étant à peine à trois quarts de portée de canon.

Salvato vit la barque tourner autour de la proue du *Foudroyant* pour aborder le colosse par son escalier de tribord.

Alors, le cardinal se tourna vers Salvato :

— Si *la vue* a été selon vos désirs, général, dit-il, rapportez à vos compagnons *ce que vous avez vu*, et tâchez de les amener à suivre mon conseil. Vous aurez, pour en arriver là, j'espère, l'éloquence de la conviction.

Salvato salua le cardinal et pressa avec un certain respect la main que celui-ci lui tendait.

Mais, tout à coup, au moment où il allait prendre congé de lui :

— Ah! pardon, dit-il, j'oubliais de rendre compte à Votre Éminence d'une importante commission dont elle m'a chargé.

— Laquelle?

— L'amiral Caracciolo...

— Ah! c'est vrai! interrompit Ruffo avec une vivacité prouvant l'intérêt qu'il prenait à ce que Salvato allait dire. Parlez : j'écoute.

— L'amiral Caracciolo, reprit Salvato, n'était ni sur la flottille, ni dans aucun des châteaux; depuis le matin, il s'était dérobé, déguisé en marin, disant qu'il avait chez un de ses serviteurs un asile sûr.

— Puisse-t-il avoir dit vrai! reprit l'amiral; car, s'il tombe entre les mains de ses ennemis, sa mort est jurée d'avance; c'est vous dire, mon cher général, que, si vous avez quelque moyen de communiquer avec lui...

— Je n'en ai aucun.

— Alors, que Dieu le garde!

Cette fois, Salvato prit congé du cardinal, et, toujours escorté par de Cesare, reprit le chemin du Château-Neuf, où, comme on le comprend bien, ses compagnons l'attendaient avec impatience.

L'ultimatum de Ruffo mettait Nelson dans un immense embarras. L'amiral anglais n'avait à sa disposition que peu de troupes de débarquement. Si le cardinal se retirait, selon la menace qu'il avait faite, Nelson tombait dans une impuissance d'autant plus ridicule qu'il avait parlé avec plus d'autorité. Après avoir pris lecture de la dépêche du cardinal, il se contenta donc de répondre qu'il aviserait, et renvoya le chevalier Micheroux sans lui rien dire de positif.

Nelson, nous l'avons dit, à part son génie vraiment merveilleux pour conduire une flotte dans un combat, était sur tous les autres points un homme fort médiocre. Cette réponse : « J'aviserai, » signifiait en réalité : « Je consulterai ma pythie Emma, et mon oracle Hamilton. »

Aussi, à peine Micheroux avait-il le pied dans la barque qui le ramenait à terre, que Nelson faisait prier sir William et lady Hamilton de passer chez lui.

Cinq minutes après, le *trium-feminavirat* était réuni dans la cabine de l'amiral.

Une dernière espérance restait à Nelson : c'est que, comme la dépêche était en français et que, pour qu'il la comprît, Micheroux avait été obligé de la lui lire en anglais, le traducteur ou n'avait pas donné aux mots leur valeur réelle, ou avait fait quelque erreur importante.

Il remit donc la dépêche du cardinal à sir William, en l'invitant à la lire et à la lui traduire de nouveau.

Micheroux, contre l'habitude des traducteurs, avait été d'une exactitude parfaite. Il en résulta que la situation apparut aux deux Hamilton avec la même gravité qu'elle avait apparu à l'amiral.

Les deux hommes se tournèrent à la fois et d'un même mouvement du côté de lady Hamilton, dépositaire des volontés suprêmes de la reine : après que Nelson avait donné son ultimatum et le cardinal le sien, il fallait savoir quel était le dernier mot de la reine.

Emma Lyonna comprit l'interrogation, si muette qu'elle fût.

— Rompre le traité signé, répondit-elle, et, le traité rompu, réduire les rebelles par la force, s'ils ne se rendent point de bonne volonté.

— Je suis prêt à obéir, dit Nelson; mais, abandonné à mes seules ressources, je ne puis répondre que de mon dévouement, sans pouvoir affirmer que ce dévouement nous conduira au but que la reine se propose.

— Milord! milord! dit Emma d'un ton de reproche.

— Trouvez le moyen, dit l'amiral, je me charge de le mettre à exécution.

Sir William réfléchit un instant. Sa figure sombre s'éclaira peu à peu : ce moyen, il l'avait trouvé.

Nous laissons à la postérité la tâche de juger l'amiral, le ministre et la favorite, qui ne craignirent point, soit pour servir leurs vengeances particulières, soit pour satisfaire les haines royales, d'user du subterfuge que nous allons raconter.

Après que sir William eut exposé son moyen, qu'Emma l'eut soutenu, que Nelson l'eut adopté, voici mot à mot la lettre que sir William écrivit au cardinal.

Nous ne craignons pas de commettre une erreur de traduction ; la lettre est en français.

La voici ; écrite probablement dans la nuit qui suivit la visite de Micheroux, elle porte la date du lendemain :

« A bord du *Foudroyant*, dans le golfe de Naples.

» Éminence,

» Milord Nelson me prie d'assurer Votre Éminence qu'il est résolu à ne rien faire qui puisse rompre l'armistice que Votre Éminence a accordé aux châteaux de Naples.

» J'ai l'honneur, etc.

» W. HAMILTON. »

La lettre fut, comme d'habitude, portée au cardinal par MM. les capitaines Troubridge et Ball, ambassadeurs ordinaires de Nelson.

Le cardinal la lut, et, au premier moment, parut ravi qu'on lui eût cédé la victoire ; mais, craignant quelque sens caché, quelque réticence, quelque piége enfin, il demanda aux deux officiers s'ils n'avaient pas quelque communication particulière à lui faire.

— Nous sommes autorisés, répondit Troubridge, à confirmer, au nom de l'amiral, les paroles écrites par l'ambassadeur.

— Me donnerez-vous une explication écrite de ce que signifie le texte de la lettre, et, à sa clarté, qui, s'il ne s'agissait que de mon propre salut, paraîtrait suffisante, ajouterez-vous quelques mots qui me rassurent sur celui des patriotes?

— Nous affirmons, au nom de milord Nelson, à Votre Éminence, qu'il ne s'opposera en aucune façon à l'embarquement des rebelles.

— Auriez-vous, dit le cardinal, qui ne pouvait, à son avis, prendre trop de précautions, auriez-vous quelque répugnance à me renouveler par écrit l'assurance que vous venez de me donner de vive voix ?

Sans aucune difficulté, Ball prit la plume et écrivit sur un carré de papier les lignes suivantes :

Les capitaines Troubridge et Ball ont autorité, de la

part de milord Nelson, pour déclarer à Son Éminence que milord ne s'opposera point à l'embarquement des rebelles et des gens qui composent la garnison du Château-Neuf et du château de l'Œuf.

Rien n'était plus clair, ou du moins ne paraissait plus clair, que cette note : aussi, comme le cardinal ne demandait rien de plus, pria-t-il ces messieurs de signer au-dessous de la dernière ligne.

Mais Troubridge s'y refusa, disant qu'il n'avait point pouvoir.

Ruffo mit sous les yeux du capitaine Troubridge la lettre écrite le 24 juin, c'est-à-dire la surveille, par sir William, et dont une phrase semblait, au contraire, donner aux deux ambassadeurs les pouvoirs les plus étendus.

Mais Troubridge répondit :

— Nous avons, en effet, pouvoir de traiter pour les affaires militaires, mais non pour les affaires diplomatiques. Maintenant, qu'importe notre signature, puisque la note est écrite de notre main ?

Ruffo n'insista point davantage; il croyait avoir pris toutes ses précautions.

En conséquence, confiant dans la lettre écrite par l'ambassadeur, laquelle disait *que milord était résolu à ne rien faire qui pût rompre l'armistice;* — **confiant** dans la note des capitaines Troubridge et Ball, qui *déclaraient à Son Éminence que milord ne s'opposerait point à l'embarquement des rebelles*, — mais voulant cependant, malgré cette double assurance, se dégager de toute responsabilité, il chargea Micheroux de conduire les deux capitaines aux châteaux, et de donner à leurs commandants connaissance de la lettre qu'il venait de recevoir et de la note qu'il venait d'exiger, et, si ces deux assurances leur suffisaient, de s'entendre immédiatement avec eux pour l'exécution des articles de la capitulation.

Deux heures après, Micheroux revint et dit au cardinal que, grâce au ciel, tout s'était terminé à l'amiable et d'un commun

LXXIX

LA FOI PUNIQUE

Le cardinal fut si heureux de cette solution, à laquelle il était loin de s'attendre, que, le 27 juin au matin, il chanta un *Te Deum* à l'église del Carmine, et cela, avec une pompe digne de la grandeur des événements.

Avant de se rendre à l'église, il avait écrit une lettre à lord Nelson et à sir William Hamilton, leur présentant ses plus sincères remerciments pour avoir bien voulu rendre la tranquillité à la ville, surtout à sa conscience, en ratifiant le traité.

Hamilton, toujours en français, répondit la lettre suivante :

« A bord du *Foudroyant*, le 27 juin 1799.

» Éminence,

» C'est avec le plus grand plaisir que j'ai reçu le billet que vous m'avez fait l'honneur de m'écrire.

Nous sommes tous également travaillés pour le service du roi et de la bonne cause; seulement, il y a, selon le caractère, différentes manières de prouver son dévouement. Grâce à Dieu, tout va bien, et je puis affirmer à Votre Éminence que milord Nelson se félicite de la décision qu'il a prise de ne point interrompre les opérations de Votre Éminence, mais de l'assister, au contraire, de tout son pouvoir, pour terminer l'entreprise que Votre Éminence a jusqu'à présent si bien menée, au milieu des circonstances critiques dans lesquelles Votre Éminence s'est trouvée.

» Milord et moi serons trop heureux si nous avons tant soit peu pu contribuer au service de Leurs Majestés Siciliennes et rendre à Votre Éminence sa tranquillité, un instant troublée.

» Milord me prie de remercier Votre Éminence de son billet, et de lui dire qu'il prendra, en temps opportun, toutes mesures nécessaires.

» J'ai l'honneur d'être, etc.

» W. Hamilton. »

Maintenant, on a vu, dans les quelques lettres de Ferdinand et de Caroline au cardinal Ruffo, quelles protestations d'inaltérable estime et d'éternelle reconnaissance terminaient ces lettres et précédaient les noms des deux monarques, qui lui devaient leur royaume.

Nos lecteurs désirent-ils savoir de quelle manière se traduisaient ces protestations de reconnaissance ?

Qu'ils veuillent bien alors prendre la peine de lire la lettre suivante, écrite, en date du même jour, par sir William Hamilton au capitaine général Acton :

« A bord du *Foudroyant*, baie de
Naples, 27 juin 1799.

» Mon cher seigneur,

» Votre Excellence aura vu, par ma dernière lettre, que le cardinal et lord Nelson sont loin d'être d'accord. Mais, *après mûres réflexions*, lord Nelson m'autorisa à écrire à Son Éminence, hier matin, *qu'il ne ferait plus rien* pour rompre l'armistice que Son Éminence avait cru convenable de conclure avec les rebelles renfermés dans le Château-Neuf et le château de l'OEuf, et que *Sa Seigneurie était prête à donner toute l'assistance dont était capable la flotte placée sous son commandement, et que Son Éminence croirait nécessaire pour le bon service de Sa Majesté Sicilienne.* CELA PRODUIT LE MEILLEUR EFFET POSSIBLE. Naples était sens dessus dessous, dans la crainte que lord Nelson ne rompît l'armistice, tandis qu'aujourd'hui tout est calme. Le cardinal est convenu, avec les capitaines Troubridge et Ball, que les rebelles du Château-Neuf et du château de l'Œuf, seraient embarqués le soir, tandis que cinq cents marins seraient descendus à terre pour occuper les deux châteaux sur lesquels, Dieu merci ! flotte enfin la bannière de Sa Majesté Sicilienne, tandis que les bannières de la République (courte a été leur vie !) sont dans la cabine du *Foudroyant,* où, je l'espère, la bannière française qui flotte encore sur Saint-Elme ne tardera point à les rejoindre.

» J'ai grand espoir que la venue de lord Nelson dans le golfe de Naples sera très-utile aux intérêts et à la gloire de Leurs Majestés Siciliennes. Mais, en vérité, il était temps que *j'intervinsse* entre le cardinal et lord Nelson ; sinon tout allait se perdant, et cela dès le premier jour. Hier, ce bon cardinal m'a écrit pour me remercier, ainsi que lady Hamilton. L'arbre de l'abomination qui s'élevait devant le palais royal a été abattu et le bonnet rouge arraché de la tête du géant.

» Maintenant, une bonne nouvelle ! Caracciolo et une douzaine d'autres rebelles comme lui seront bientôt entre les mains de lord Nelson. Si je ne me trompe, ils seront envoyés directement à Procida, où ils seront jugés, et, au fur et à mesure de leur jugement, renvoyés ici pour y être suppliciés. *Caracciolo sera probablement pendu à l'arbre de trinquette de* LA MINERVE, *où il demeurera exposé du point du jour au coucher du soleil.* Un tel exemple est nécessaire pour le service futur de Sa Majesté Sicilienne, dans le royaume de laquelle le jacobinisme a fait de si grands progrès.

» W. HAMILTON.

» *Huit heures du soir.* — Les rebelles sont dans leurs bâtiments et ne peuvent bouger sans un passeport de lord Nelson. »

En effet, comme le disait Son Excellence l'ambassadeur de la Grande-Bretagne dans la lettre que nous venons de lire, les républicains, sur la foi du traité, et rassurés par la promesse de Nelson *de ne point s'opposer à l'embarquement des patriotes*, n'avaient fait aucune difficulté pour livrer les châteaux aux cinq cents marins anglais qui s'étaient présentés pour les occuper, et pour descendre dans les felouques, les tartanes et les balancelles qui devaient les conduire à Toulon.

Les Anglais prirent donc possession d'abord du Château-Neuf, de la darse et du palais royal.

Puis la remise du château de l'Œuf fut faite avec les mêmes formalités.

Un procès-verbal fut rédigé de cette remise des châteaux et signé par les commandants des châteaux pour les patriotes, et par le brigadier Minichini pour le roi Ferdinand.

Deux personnes seulement usèrent du choix qui leur était donné par la capitulation de chercher un asile à terre ou de s'embarquer, en allant demander un asile au château Saint-Elme.

Ces deux personnes furent Salvato et Luisa San-Felice.

Nous reviendrons plus tard, pour ne plus les quitter, aux héros de notre livre; mais ce chapitre, nous l'avons indiqué par son titre, est tout entier consacré à un grand éclaircissement historique.

Comme nous allons faire, à la mémoire d'un des plus grands capitaines que l'Angleterre ait eus, une de ces taches indélébiles que les siècles n'effacent point, nous voulons, en faisant passer, les unes après les autres, sous les yeux de nos lecteurs, les pièces qui prouvent cette grande infamie, montrer jusqu'au bout que nous ne sommes ni dévoyé par l'ignorance, ni aveuglé par la haine.

Nous sommes purement et simplement le flambeau qui éclaire un point de l'histoire resté obscur jusqu'à nous.

Il arrivait au cardinal ce qui arrive à tout grand

cœur qui entreprend une chose jugée impossible par les timides et les médiocres.

Il avait laissé autour du roi une cabale d'hommes qui, n'ayant souffert aucune fatigue, n'ayant couru aucun danger, devaient naturellement attaquer celui qui avait accompli une œuvre taxée par eux d'impossible.

Le cardinal, chose presque incroyable, si l'on ne savait point jusqu'où peut aller cette vipère des cours qu'on appelle la calomnie, le cardinal était accusé, en conquérant le royaume de Naples, de ne point travailler pour le roi, mais pour lui-même.

On disait que, par le moyen de l'armée qu'il avait réunie et qui lui était toute dévouée, il voulait faire proclamer roi de Naples son frère don Francesco Ruffo!

Nelson, avant son départ de Palerme, avait reçu des instructions à ce sujet, et, à la première preuve qui confirmerait les doutes conçus par Ferdinand et par la reine, Nelson devait attirer le cardinal à bord du *Foudroyant* et l'y retenir prisonnier.

On va voir qu'il s'en fallut de bien peu que cet acte de reconnaissance ne s'accomplît, et nous avouons regretter fort pour notre compte qu'il n'ait pas eu lieu, afin qu'il restât comme un exemple à ceux qui se dévouent pour les rois.

Nous copions les lettres suivantes sur les originaux.

« A bord du *Foudroyant*, baie
de Naples, 29 juin 1799.

« Mon cher seigneur,

» Quoique notre ami commun, sir William, vous écrive avec détail sur tous les événements qui nous arrivent, je ne puis m'empêcher de prendre la plume pour vous dire clairement que je n'approuve aucune des choses qui se sont faites et qui sont en train de se faire ; bref, je dois vous dire que, quand même le cardinal serait un ange, la voix du peuple tout entier s'élève contre sa conduite. Nous sommes entourés ici *de petites et mesquines cabales et de sottes plaintes*, que, dans mon opinion, la présence du roi, de la reine et du ministère napolitain peut seule éteindre (1) et apaiser, de manière à fonder un gouvernement régulier et qui soit le contraire du système qui est mis en pratique en ce moment. Il est vrai que, si j'eusse suivi mon inclination, l'état de la capitale serait encore pire qu'il n'est, attendu que le cardinal, de son côté, *eût fait pis que de ne rien faire*.

(1) Nelson appelle *petites et mesquines cabales* l'insistance du cardinal pour faire respecter le traité, et *sottes plaintes* les réclamations des patriotes! Cela prouve le cas que faisait Nelson de la parole des rois et de la vie des hommes.

C'est pourquoi j'espère et implore la présence de Leurs Majestés, répondant sur ma tête de leur sûreté. Je serai peut-être forcé de m'éloigner de ce port, avec *le Foudroyant ;* mais, si je suis forcé d'abandonner ce port, je crains que les conséquences de mon départ ne soient fatales.

» Le *Sea-Horse* est également un sûr abri pour Leurs Majestés; elles y seront autant en sûreté qu'on peut l'être dans un vaisseau.

» Je suis, pour toujours, votre

» NELSON.

A sir John Acton.

Comme la première, cette seconde lettre est du même jour et adressée à Acton. L'ingratitude des deux illustres obligés y est encore plus visible, et, à notre avis, ne laisse, cette fois, rien à désirer.

« 29 juin au matin.

» Mon cher monsieur,

Je ne saurais vous dire combien je suis heureux de voir arriver le roi, la reine et Votre Excellence. Je vous envoie le double d'une proclamation que je charge le cardinal de faire publier, ce que Son Éminence a refusé tout net, en disant qu'il était inutile de lui rien envoyer, attendu qu'il ne ferait rien imprimer. Le capitaine Troubridge sera ce soir à terre avec treize cents hommes de troupes anglaises, et je ferai tout ce que je pourrai pour rester d'accord avec le cardinal jusqu'à l'arrivée de Leurs Majestés. Le dernier arrêté du cardinal défend d'emprisonner qui que ce soit sans son ordre : c'est vouloir clairement sauver les rebelles. En somme, hier, nous avons délibéré pour savoir si le cardinal ne serait point arrêté lui-même. Son frère est gravement compromis ; mais il est inutile d'ennuyer plus longtemps Votre Excellence. Je m'arrangerai de manière à faire le mieux possible, et je répondrai sur ma tête du salut de Leurs Majestés. Puisse Dieu mettre une prompte et heureuse fin à tous ces événements, et veuille Votre Excellence me croire, etc.

ᵇ Horace Nelson.

À Son Excellence sir John Acton.

Sur ces entrefaites, le cardinal, ayant envoyé son frère à bord du *Foudroyant*, ne fut pas peu étonné de recevoir un billet de lui qui lui annonçait que l'amiral l'envoyait à Palerme pour porter à la reine la nouvelle que Naples était rendu *selon ses intentions*.

La lettre qui portait cette nouvelle se terminait par cette phrase :

« J'envoie tout à la fois à Votre Majesté, un messager et un otage. »

Comme on le voit, la récompense du dévouement ne s'était pas fait attendre.

Maintenant, que venait faire le frère du cardinal à bord du *Foudroyant ?*

Il venait y rapporter, avec refus de l'imprimer et de l'afficher, cette note de Nelson, à laquelle, dans la situation des choses et après les promesses faites, le cardinal n'avait rien compris.

Voici cette *note* ou plutôt cette *notification :*

NOTIFICATION

« A bord du *Foudroyant*, 29 juin 1799, au matin.

» Horace Nelson, amiral de la flotte britannique, dans la rade de Naples, donne avis à tous ceux qui ont servi, comme officiers dans l'armée, ou comme officiers dans les charges civiles, l'infâme soi-disant république napolitaine, que, s'ils se trouvent dans la ville de Naples, ils doivent, dans le terme de vingt-quatre heures, pour tout délai, se présenter aux commandants du Château-Neuf et du château de l'Œuf, se fiant en tous points à la clémence de Sa Majesté Sicilienne; et, s'ils sont hors de la ville à la distance de cinq milles, ils doivent également se présenter auxdits commandants, seulement, à ceux-ci, il est accordé le terme de quarante-huit heures; — autrement, ils seront considérés comme rebelles et ennemis de Sa susdite Majesté Sicilienne.

» Horace Nelson. »

Mais, si étonné que fût le cardinal du billet de son frère, qui lui annonçait que milord Nelson l'envoyait à Palerme sans lui demander si c'était son bon plaisir d'y aller, il le fut bien davantage en recevant cette lettre des patriotes :

A l'éminentissime cardinal Ruffo, vicaire général du royaume de Naples.

« Toute cette partie de la garnison qui, aux termes des traités, a été embarquée pour faire voile vers Toulon, se trouve à cette heure dans la plus grande consternation. Dans sa bonne foi, elle attendait l'exécution du traité, quoique peut-être, dans sa précipitation à sortir du château, toutes les clauses de cette capitulation n'aient pas été strictement observées. Maintenant, voici deux jours que le temps est propice pour mettre à la voile, et les approvisionnements ne sont pas encore faits pour le voyage. En outre, hier, nous avons vu, avec une profonde douleur, enlever, des tartanes, vers sept heures du soir, les généraux Manthonnet, Massa et Bassetti, — les présidents de la commission exécutive, Ercole et d'Agnese, — celui de la commission législative, Dominique Cirillo, — et plusieurs autres de nos compagnons, parmi lesquels Emanuele Borgo et Piati. Tous ont été conduits sur le bâtiment de l'amiral Nelson, où ils ont été retenus toute la nuit, et, finalement, où ils se trouvent encore maintenant, c'est-à-dire à sept heures du matin.

» La garnison attend de votre loyauté l'explication de ce fait et l'accomplissement loyal du traité.

» ALBANESE.

« De la rade de Naples, 29 juin 1799,
six heures du matin. »

Un quart d'heure après, le capitaine Baillie et le chevalier Micheroux étaient près du cardinal, et celui-ci expédiait Micheroux à Nelson, en l'invitant à lui expliquer sa conduite, à laquelle il avouait ne rien comprendre, et en le suppliant, si son intention était celle qu'il craignait de deviner, de ne point faire une pareille tache non-seulement à son nom, mais encore au drapeau anglais.

Nelson ne fit que rire de la réclamation du chevalier Micheroux en disant :

— De quoi le cardinal se plaint-il ? *J'ai promis de ne pas m'opposer à l'embarquement de la garnison : j'ai tenu parole, puisque la garnison est embarquée. Maintenant qu'elle l'est, je suis dégagé de ma parole et je puis faire ce que je veux.*

Et, comme le chevalier Micheroux lui faisait observer que l'équivoque qu'il invoquait était indigne de lui, le sang lui monta au visage d'impatience, et il ajouta :

— D'ailleurs, j'agis selon ma conscience, et j'ai carte blanche du roi.

— Avez-vous les mêmes pouvoirs de Dieu ? lui demanda Micheroux. J'en doute.

— Ceci n'est point votre affaire, répliqua Nelson ; c'est moi qui agis, et je suis prêt à rendre compte de mes actions au roi et à Dieu. Allez.

Et il renvoya le messager au cardinal, sans prendre la peine de lui faire une autre réponse et de voiler sa mauvaise foi sous une excuse quelconque.

En vérité, la plume tombe des mains de tout honnête homme forcé, par la vérité, à écrire de pareilles choses.

En recevant cette réponse du chevalier Micheroux, le cardinal Ruffo jeta un regard plein d'éloquence au ciel, prit une plume, écrivit quelques lignes, les signa et les expédia à Palerme par un courrier extraordinaire.

C'était sa démission qu'il envoyait à Ferdinand et à Caroline.

LXXX

DEUX HONNÊTES COMPAGNONS

Reprenons cette plume échappée à nos doigts : nous ne sommes pas au bout de notre récit, et le pire nous reste à raconter.

On se rappelle qu'au moment où Nelson reconduisait le cardinal, après la visite au *Foudroyant*, et échangeait avec lui un froid salut, résultat de la dissidence qui s'était élevée entre leurs opinions à l'endroit du traité, Emma Lyonna, posant la main sur l'épaule de Nelson, était venue lui dire que Scipion Lamarra, le même qui avait apporté au cardinal la bannière brodée par la reine et par ses filles, était à bord et l'attendait chez sir William Hamilton.

Comme l'avait prévu Nelson, Scipion Lamarra venait s'entretenir avec lui sur les moyens de s'emparer de Caracciolo, qui avait quitté sa flottille le jour même de l'apparition dans la rade de la flotte de la Grande-Bretagne.

On n'a pas oublié que la reine avait recommandé de vive voix à Emma Lyonna, et par écrit au cardinal, de ne faire aucune grâce à l'amiral Caracciolo, dévoué par elle à la mort.

Elle avait écrit dans les mêmes termes à Scipion Lamarra, un de ses agents les plus dévoués et les plus actifs, afin qu'il s'entendît avec Nelson sur les moyens à employer pour s'emparer de l'amiral Caracciolo, si l'amiral Caracciolo était en fuite au moment où Nelson entrerait dans le port.

Or, Caracciolo était en fuite, comme on l'a vu par la réponse du contre-maître de la chaloupe canonnière que l'amiral avait montée dans le combat du 13, lorsque Salvato, prévenu par Ruffo des dangers que courait l'amiral, s'était mis en quête de lui et était venu demander de ses nouvelles dans le port militaire.

Par un motif tout opposé, l'espion Lamarra avait fait les mêmes démarches que Salvato et était arrivé au même but, c'est-à-dire à savoir que l'amiral avait quitté Naples et cherché un refuge près d'un de ses serviteurs.

Il venait annoncer cette nouvelle à Nelson et lui demander s'il voulait qu'il se mît en quête du fugitif.

Nelson, non-seulement l'y engagea, mais encore lui annonça qu'une prime de quatre mille ducats était promise à celui qui livrerait l'amiral.

A partir de ce moment, Scipion jura que ce serait lui qui toucherait la prime, ou tout au moins la majeure partie de la prime.

S'étant présenté en ami, il avait appris des matelots tout ce que ceux-ci savaient eux-mêmes sur Caracciolo, c'est-à-dire que l'amiral avait cherché un refuge chez un de ses serviteurs de la fidélité duquel il croyait être certain.

Selon toute probabilité, ce serviteur n'habitait point la ville : l'amiral était un homme trop habile pour rester si près de la griffe du lion.

Scipion ne prit donc même point la peine de s'enquérir aux deux maisons que l'amiral possédait à Naples, l'une à Santa-Lucia, presque attenante à l'église, — et c'était celle-là qu'il habitait, — l'autre, rue de Tolède.

Non, il était probable que l'amiral s'était retiré dans quelqu'une de ses fermes, afin d'avoir devant lui la campagne ouverte, s'il avait besoin de fuir le danger.

Une de ces fermes était à Calvezzano, c'est-à-dire au pied des montagnes.

En homme intelligent, Scipion jugea que c'était dans celle-là que Caracciolo devait s'être réfugié. Là, comme nous l'avons dit, il avait, en effet, non-seulement la campagne, mais encore la montagne, ce refuge naturel du proscrit.

Scipion se fit donner un sauf-conduit de Nelson, revêtit un habit de paysan et partit avec l'intention de se présenter à la ferme de Calvezzano comme un patriote qui, fuyant la proscription, exténué qu'il était par la faim, écrasé qu'il était par la fatigue, aimait mieux risquer la mort que d'essayer d'aller plus loin.

Il entra donc hardiment à la ferme, et, feignant la confiance du désespoir, il demanda au fermier un morceau de pain et un peu de paille dans une grange.

Le prétendu fugitif joua si bien son rôle, que le fermier ne prit aucun soupçon ; mais, au contraire, sous prétexte de s'assurer que personne ne l'avait vu entrer, le fit cacher dans une espèce de fournil, disant que, pour leur sûreté commune, il allait faire le tour de la ferme.

En effet, dix minutes après, il rentra avec un visage plus rassuré, le tira de sa cachette, le fit asseoir à la table de la cuisine, et lui donna un morceau de pain, un quartier de fromage et un fiasco de vin.

Scipion Lamarra se jeta sur le pain comme un homme affamé, mangeant et buvant avec tant d'avidité, que le fermier, en hôte compatissant, se crut obligé de l'inviter à se modérer, en lui disant que le pain ni le vin ne lui manqueraient; qu'il pouvait donc boire et manger à loisir.

Comme Lamarra commençait à suivre ce conseil, un autre paysan entra, qui portait le même costume que le fermier, mais paraissait un peu plus âgé que lui.

Scipion fit un mouvement pour se lever et sortir.

— Ne craignez rien, dit le fermier : c'est mon frère.

En effet, le nouveau venu, après un salut d'homme qui est chez lui, prit un tabouret et alla s'asseoir dans un coin de la cheminée.

Le faux patriote remarqua que le frère du fermier choisissait le côté où il y avait le plus d'ombre.

Scipion Lamarra, qui avait vu l'amiral Caracciolo à Palerme, n'eut besoin que de jeter un regard sur le prétendu frère du fermier pour le reconnaître.

C'était François Caracciolo.

Dès lors, Scipion comprit toute la manœuvre. Le fermier n'avait point osé le recevoir sans la permission de son maître ; sous prétexte de voir si l'étranger n'était point suivi, il était sorti pour aller demander cette permission à Caracciolo, et Caracciolo, curieux d'apprendre des nouvelles de Naples, était entré dans la salle et était allé s'asseoir dans la cheminée, redoutant d'autant moins son hôte, que, d'après ce qui lui avait été rapporté, c'était un proscrit.

Aussi, au bout d'un instant :

— Vous venez de Naples? demanda-t-il à Scipion avec une indifférence affectée.

— Hélas! oui, répondit celui-ci.

— Que s'y passe-t-il donc?

Scipion ne voulait pas trop effrayer Caracciolo, de peur que, lui parti, il ne cherchât un autre asile.

— On embarque les patriotes pour Toulon, dit-il.

— Et pourquoi donc ne vous êtes-vous pas embarqué pour Toulon avec eux?

— Parce que je ne connais personne en France et qu'au contraire j'ai un frère à Corfou. Je vais donc tâcher de gagner Manfredonia et de m'y embarquer.

La conversation se borna là. Le fugitif paraissait tellement fatigué, que c'était pitié de le faire veiller plus longtemps : Caracciolo dit au fermier de le conduire à sa chambre, Scipion prit congé de lui avec de grandes protestations de reconnaissance, et, arrivé à sa chambre, pria son hôte de le réveiller avant le jour, afin qu'il pût continuer son chemin vers Manfredonia.

— Ce me sera d'autant plus facile, répondit celui-ci, qu'il faut que je me lève moi-même avant le jour pour aller à Naples.

Scipion ne fit aucune demande, ne risqua aucune observation ; il savait tout ce qu'il voulait savoir, et le hasard, qui se fait parfois complice des grands crimes, le servait au delà de ses souhaits.

Le lendemain, à deux heures, le fermier entra dans sa chambre. En un instant, il fut debout, habillé, prêt à partir. Le fermier lui donna un petit paquet préparé d'avance : c'était un pain, un morceau de jambon, une bouteille de vin.

— Mon frère m'a chargé de vous demander si vous avez besoin d'argent, ajouta le fermier.

Scipion eut honte. Il tira sa bourse, qui contenait quelques pièces d'or, et la montra à son hôte; puis il se fit indiquer un chemin de traverse, prit congé de lui, le chargea de présenter tous ses remerciments à son frère et partit.

Mais à peine eut-il fait cent pas, qu'il changea de

direction, contourna la ferme, et à un endroit où le chemin se reserrait entre deux collines, vint attendre le fermier, qui ne pouvait manquer de passer là en allant à Naples.

En effet, une demi-heure après, il distingua, au milieu des ténèbres qui commençaient à s'éclaircir, la silhouette d'un homme qui suivait le chemin de Calvezzano à Naples, et qu'il reconnut presque aussitôt pour son fermier.

Il marcha droit à lui : l'autre le reconnut à son tour et s'arrêta étonné.

Il était évident qu'il ne s'attendait pas à une pareille rencontre.

— C'est vous? lui demanda-t-il.

— Comme vous voyez, répondit Scipion.

— Que faites-vous ici, au lieu d'être sur la route de Manfredonia?

— Je vous attends.

— Dans quel but?

— Dans celui de vous dire que, par ordonnance de lord Nelson, il y a peine de mort pour quiconque cache un rebelle.

— En quoi cela peut-il m'intéresser? demanda le fermier.

— En ce que vous cachez l'amiral Caracciolo.

Le fermier essaya de nier.

— Inutile, dit Scipion, je l'ai reconnu : c'est l'homme que vous voulez faire passer pour votre frère.

— Ce n'est pas tout ce que vous avez à me dire? demanda le fermier avec un sourire à l'expression duquel il n'y avait pas à se tromper.

C'était le sourire d'un traître.

— C'est bien, dit Scipion, je vois que nous nous entendrons.

— Combien vous a-t-on promis, demanda le fermier, si vous livriez l'amiral Caracciolo?

— Quatre mille ducats, dit Scipion.

— Y en a-t-il deux mille pour moi?

— Vous avez la bouche large, l'ami!

— Et cependant je ne l'ouvre qu'à moitié.

— Vous vous contenterez de deux mille ducats?

— Oui, si l'on ne se préoccupe pas trop de ce que l'amiral peut avoir d'argent chez moi.

— Et si l'on n'en passe point par où vous voulez?

Le fermier fit un bond en arrière, et, du même coup, tira un pistolet de chacune de ses poches.

— Si l'on ne passe point par où je veux, dit-il, je préviens l'amiral, et, avant que vous soyez à Naples, nous serons assez loin pour que vous ne nous rejoigniez jamais.

— Venez ici, mon camarade : je ne peux et surtout je ne veux rien faire sans vous.

— Ainsi, c'est convenu?

— Pour ma part, oui; mais, si vous voulez vous fier à moi, je vous mènerai en face de quelqu'un avec qui vous pourrez discuter vos intérêts et qui, je vous en réponds, sera coulant sur vos exigences?

— Comment nommez-vous celui-là?

— Milord Nelson.

— Oh! oh! j'ai entendu dire à l'amiral Caracciolo que milord Nelson était son plus grand ennemi.

— Il ne se trompait pas. Voilà pourquoi je puis vous répondre que milord ne marchandera point avec vous.

— Alors, vous venez de la part de l'amiral Nelson?

— Je viens de plus loin.

— Allons, allons, dit le fermier, comme vous l'avez dit, nous nous entendrons à merveille. Venez.

Et les deux honnêtes compagnons continuèrent leur chemin vers Naples.

LXXXI

DE PAR HORACE NELSON

C'était à la suite de l'entrevue que le fermier et Scipion Lamarra avaient eue avec milord Nelson que sir William Hamilton avait écrit à sir John Acton :

« Caracciolo et *douze de ces infâmes rebelles* seront bientôt entre les mains de milord Nelson. »

Les *douze infâmes rebelles*, nous l'avons vu par la lettre d'Albanese au cardinal, avaient été expédiés à bord du *Foudroyant*.

C'étaient Manthonnet, Massa, Bassetti, Dominique Cirillo, Ercole, d'Agnese, Borgo, Piati, Mario Pagano, Conforti, Bassi et Velasco.

Quant à Caracciolo, il devait être livré le 29 au matin.

En effet, pendant la nuit, six matelots, déguisés en paysans et armés jusqu'aux dents, avaient abordé au Granatello, étaient descendus à terre, et, guidés par Scipion Lamarra, avaient pris le chemin de Calvezzano, où ils étaient arrivés vers trois heures du matin.

Le fermier veillait, tandis que Caracciolo, à qui il avait rapporté de Naples les nouvelles les plus tranquillisantes, s'était couché et dormait aveuglé par cette confiance que les honnêtes gens ont, par malheur, presque toujours, dans les coquins.

Caracciolo avait son sabre sous son chevet, deux pistolets sur sa table de nuit; mais, prévenus par le fermier de ces précautions, les marins, en s'élançant dans la chambre, avaient commencé par mettre la main sur les armes.

Alors, en voyant qu'il était pris et que toute résistance était inutile, Caracciolo avait relevé la tête et tendu de lui-même les mains aux cordes dont on s'apprêtait à le lier.

Il avait bien voulu fuir la mort, tant que la mort n'était pas là; mais, la sentant sous ses pas, il se retournait et lui faisait face.

Une espèce de charrette d'osier attelée de deux chevaux attendait à la porte. On y porta Caracciolo. Les soldats s'assirent autour de lui; Scipion prit les rênes.

Le traître se tint à l'écart et ne parut pas.

Il avait discuté le prix de sa trahison, en avait

reçu une partie et devait recevoir le reste après livraison faite de son maître.

On arriva à sept heures du matin au Granatello; on transborda le prisonnier de la charrette dans la barque; les six paysans redevinrent des matelots, ressaisirent leurs avirons et ramèrent vers *le Foudroyant*.

Depuis dix heures du matin, Nelson était sur le pont du *Foudroyant*, sa lunette à la main, et l'œil tourné vers le Granatello, c'est-à-dire entre Torre-del-Greco et Castellamare.

Il vit une barque se détacher du rivage; mais, à sept ou huit milles de distance, il n'y avait pas moyen de la reconnaître. Cependant, comme elle était la seule qui sillonnât la surface unie et calme de la mer, son œil ne s'en détourna point.

Un instant après, la belle créature qu'il avait à bord, souriante comme si elle entrait dans un jour de fête, montra sa tête au-dessus de l'escalier du tillac et vint s'appuyer à son bras.

Malgré ses douces habitudes de paresse, qui souvent lui faisaient commencer sa journée lorsque plus de la moitié de la journée était passée, elle s'était levée, ce jour-là, dans l'attente des grands événements qu'il devait voir s'accomplir.

— Eh bien? demanda-t-elle à Nelson.

Nelson lui montra silencieusement du doigt la barque qui s'approchait, n'osant encore lui affirmer que ce fût la barque attendue, mais jugeant, d'après la ligne rigide qu'elle suivait depuis qu'elle avait quitté le rivage en s'avançant vers *le Foudroyant*, que ce devait être elle.

— Où est sir William? demanda Nelson.

— C'est à moi que vous faites cette question? demanda en riant Emma.

Nelson rit à son tour; puis, se retournant :

— Parkenson, dit-il au jeune officier qui se trouvait le plus rapproché de lui, et auquel d'ailleurs, soit sympathie, soit certitude d'être plus intelligemment obéi, il adressait plus volontiers ses ordres, — Parkenson, tâchez donc de découvrir sir William, et dites-lui que j'ai tout lieu de croire que la barque que nous attendons est en vue.

Le jeune homme salua et se mit en quête de l'ambassadeur.

Pendant les quelques minutes que le jeune lieutenant mit à trouver sir William et à l'amener, la barque continuait à s'approcher, et les doutes de Nelson commençaient à disparaître. Les rameurs nous l'avons dit, déguisés en paysans, ramaien d'une façon trop régulière pour être des paysans et, d'ailleurs, debout à la proue, se tenait et faisai des signes de triomphe un homme que Nelson finit par reconnaître pour Scipion Lamarra.

Parkenson avait trouvé sir William Hamilton occupé à écrire au capitaine général Acton, et il avait interrompu sa lettre, à peine commencée, pour venir en toute hâte joindre Nelson et Emma Lyonna sur le pont.

La lettre interrompue était sur son bureau, et nous allons donner une nouvelle preuve de la conscience que nous avons mise dans nos recherches, en mettant sous les yeux de nos lecteurs ce commencement de lettre, dont, plus tard, nous leur donnerons la suite.

Voici ce commencement :

« A bord du *Foudroyant*, 29 juin 1799.

» Monsieur,

» J'ai reçu de Votre Excellence trois lettres, deux en date du 25, et l'autre en date du 26, et je suis enchanté de voir que tout ce que lord Nelson et moi avons fait, a obtenu l'approbation de Leurs Majestés Siciliennes. Le cardinal s'obstine à se séparer de nous et ne veut pas se mêler de la reddition de Saint-Elme. Il a envoyé, pour le remplacer et pour se mettre d'accord sur les moyens d'attaque avec lord Nelson le duc de la Salandra. Le capitaine Troubridge commandera les milices anglaises et les soldats russes ; vous arriverez avec quelques bonnes pièces d'artillerie, et alors ce sera le duc de Salandra qui commandera en chef. Troubridge n'a fait aucune opposition à cet arrangement.

» En somme, je me flatte que cette importante affaire sera promptement terminée et que la bannière du roi flottera dans quelques jours sur Saint-Elme, comme elle flotte déjà sur les autres châteaux... »

C'était là qu'en était sir William, lorsque le jeune officier était venu le déranger.

Il était monté sur le pont, comme nous l'avons dit, et était venu se joindre au groupe que formaient déjà Nelson et Emma Lyonna.

Quelques instants après, il n'y avait plus aucun doute : Nelson avait reconnu Scipion Lamarra, et les signes de celui-ci lui avaient donné à connaître que Caracciolo était prisonnier et qu'on le lui amenait.

Que se passa-t-il dans le cœur de l'amiral anglais lorsqu'il apprit cette nouvelle tant désirée? Ni l'historien ni le romancier n'ont la vue assez perçante pour voir au delà de cette couche d'impassibilité qui s'étendit sur son visage.

Bientôt, l'œil des trois personnes intéressées à cette capture put bientôt, en plongeant au fond de la barque, y voir l'amiral couché et garrotté. Son corps, placé en travers de la barque, avait pu servir d'appui aux deux rameurs du milieu.

Sans doute ne jugea-t-on pas à propos de prendre la peine de contourner le bâtiment pour aborder par l'escalier d'honneur, ou peut-être encore eut-on honte de pousser jusque-là la dérision. Mais tant il y a que la gaffe des deux premiers matelots s'attacha à l'escalier de bâbord, et que Scipion Lamarra s'élança sur cet escalier pour annoncer le premier de vive voix à Nelson la réussite de l'entreprise.

Pendant ce temps, les marins déliaient les jambes de l'amiral pour qu'il pût monter à bord ; mais ils lui laissaient les mains liées derrière le dos avec une telle rigidité, que, lorsque ces liens tombèrent, ils avaient laissé autour des poignets la trace sanglante de leurs nombreux anneaux.

Caracciolo passa devant ce groupe ennemi dont la joie insultait à son malheur, et fut conduit dans une chambre de l'entre-pont, dont on laissa la porte ouverte en plaçant deux sentinelles à cette porte.

A peine Caracciolo avait-il fait cette courte apparition, que sir William, désireux d'annoncer le premier au roi et à la reine cette bonne nouvelle, se précipita dans sa chambre, reprit la plume et continua :

« Nous venons d'avoir le spectacle de Caracciolo, *pâle, avec une longue barbe, à moitié mort, les yeux baissés, les mains garrottées.* Il a été amené à bord du vaisseau *le Foudroyant,* où se trouvent déjà non-seulement ceux que je vous ai nommés, mais encore le fils de Cassano (1), don Julio, le prêtre Pacifico et d'autres infâmes traîtres. Je suppose qu'il sera fait promptement justice des plus coupables. En vérité, c'est une chose qui fait horreur; mais, moi qui connais leur ingratitude et leurs crimes, je suis moins impressionné du châtiment que les nombreuses personnes qui ont assisté à ce spectacle. Je crois, d'ailleurs, que c'est pour nous une excellente chose que d'avoir à bord du *Foudroyant* les principaux coupables, au moment où l'on va attaquer Saint-Elme, attendu que nous pourrons trancher une tête à chaque boulet que les Français tireront sur la ville de Naples.

» Adieu, mon très-cher monsieur, etc.

» W. HAMILTON.

(1) Un mot sur ce jeune homme, qui ne joue aucun rôle dans notre histoire, mais qui va nous fournir, en passant, la mesure de l'abaissement de certaines âmes à cette époque. Il eut la tête tranchée, quoique âgé de seize ans à peine. Huit jours après l'exécution, son père donnait un grand dîner à ses juges!

» *P.-S.* — Venez, s'il est possible, pour accommoder toutes choses. J'espère que nous aurons terminé, avant leur arrivée, quelques affaires qui pourraient affliger Leurs Majestés. Le procès de Caracciolo va être fait par les officiers de Leurs Majestés Siciliennes. S'il est condamné, comme c'est probable, la sentence sera immédiatement exécutée. Il semble déjà à moitié mort d'abattement. Il demandait à être jugé par des officiers anglais.

» Le bâtiment qui vous portera cette lettre partant à l'instant pour Palerme, je ne puis rien vous dire de plus. »

Et, cette fois, sir William Hamilton pouvait, sans crainte de se tromper, annoncer que le procès ne durerait pas longtemps.

Voici les ordres de Nelson; on ne l'accusera point d'avoir fait attendre l'accusé:

Au capitaine comte de Thurn, commandant la frégate de Sa Majesté LA MINERVE.

« De par Horace Nelson :

» Puisque François Caracciolo, commodore de Sa Majesté Sicilienne, a été fait prisonnier, et est accusé de rébellion contre son légitime souverain, pour avoir fait feu sur la bannière royale hissée sur la frégate *la Minerve,* qui se trouvait sous vos ordres,

» Vous êtes requis et, en vertu de la présente, il vous est ordonné de réunir cinq des plus anciens officiers qui se trouvent sous votre commandement, en retenant la présidence pour vous, et d'informer pour savoir si le délit dont est accusé ledit Caracciolo peut être prouvé; et, si la preuve du délit ressort de l'instruction, *vous devez recourir à moi pour savoir quelle peine il subira.*

« A bord du *Foudroyant*, golfe de Naples, 29 juin 1799.

» HORACE NELSON. »

Ainsi, vous le voyez par le peu de mots que nous avons soulignés, ce n'était point le conseil de guerre qui faisait le procès, ce n'étaient pas les juges qui avaient reconnu la culpabilité, qui devaient appliquer la peine selon leur conscience; non, c'était Nelson, qui n'assistait ni à l'instruction ni à l'interrogatoire; qui, pendant ce temps peut-être, parlait d'amour avec la belle Emma Lyonna; c'était Nelson qui, sans même avoir pris connaissance du procès, se chargeait de prononcer la sentence et de déterminer la peine !

Aussi, l'accusation est-elle si grave, qu'une fois encore, comme la chose nous est arrivée si souvent dans le cours de ce récit, le romancier, qui craint qu'on ne l'accuse de trop d'imagination, passe la plume à l'historien et lui dit : « A ton tour, frère : la fantaisie n'a pas le droit d'inventer, l'histoire seule a le droit de dire ce que tu vas dire. »

Nous affirmons donc qu'il n'y a pas un mot de ce que l'on a lu depuis le commencement de ce chapitre, nous affirmons donc qu'il n'y a pas un mot de ce qu'on va lire jusqu'à la fin de ce chapitre qui ne soit l'exacte vérité : ce n'est pas notre faute si, pour être nue, elle n'en est pas moins terrible.

Nelson, sans s'inquiéter du jugement de la postérité et même des contemporains, avait décidé que le procès de Caracciolo aurait lieu sur son propre bâtiment, attendu, comme le disent MM. Clarke et Marc Arthur dans leur *Vie de Nelson*, que l'amiral craignait que, si le procès se faisait à bord d'un navire napolitain, le navire ne se révoltât, *tant*, ajoutent ces messieurs, *tant Caracciolo était aimé dans la marine !*

Aussi le procès commença-t-il immédiatement après la publication de l'arrêté rendu par Nelson, celui-ci ne s'inquiétant point, dans son servilisme pour la reine Caroline, pour le roi Ferdinand, et peut-être même dans son orgueil personnel, si profondément offensé par Caracciolo; celui-ci ne s'inquiétant point, disons-nous, s'il foulait aux pieds toutes les lois internationales, puisqu'il n'avait pas le droit de juger son égal en rang, son supérieur comme position sociale, lequel, s'il était coupable, n'était coupable qu'envers le roi des Deux-Siciles, et non envers le roi d'Angleterre.

Et maintenant, pour que l'on ne nous accuse pas de sympathie à l'égard de Caracciolo et d'injustice envers Nelson, nous allons purement et simplement tirer du livre des panégyristes de l'amiral anglais le procès-verbal du jugement. Ce procès-verbal, dans sa simplicité, nous paraît bien autrement émouvant que le roman inventé par Cuoco ou fabriqué par Coletta.

Les officiers napolitains composant le conseil de guerre, sous la présidence du comte de Thurn, se réunirent immédiatement dans le carré des officiers.

Deux marins anglais, sur l'ordre du comte de Thurn, se rendirent à la chambre où était enfermé Caracciolo, lui enlevèrent les cordes qui le garrottaient et le conduisirent devant le conseil de guerre.

La chambre où il était réuni resta ouverte, selon l'usage, et tous purent y entrer.

Caracciolo, en reconnaissant dans ses juges, à part le comte de Thurn, tous les officiers qui avaient servi sous lui, sourit et secoua la tête.

Il était évident que pas un de ces hommes n'oserait l'absoudre.

Il y avait du vrai dans ce qu'avait dit sir William. Quoique âgé de quarante-neuf ans à peine, grâce à sa barbe inculte, à ses cheveux en désordre, Caracciolo en paraissait soixante et dix.

Cependant, arrivé en face de ses juges, il se redressa de toute la hauteur de sa taille et retrouva l'assurance, la fermeté, le regard d'un homme habitué à commander, et son visage, bouleversé par la rage, prit l'expression d'un calme hautain.

L'interrogatoire commença. Caracciolo ne dédaigna point d'y répondre, et le résumé de ses réponses fut celui-ci :

« Ce n'est point la République que j'ai servie, c'est Naples ; ce n'est point la royauté que j'ai combattue, c'est le meurtre, le pillage, l'incendie. Depuis longtemps, je faisais le service de simple soldat, lorsque j'ai été en quelque sorte contraint de prendre le commandement de la marine républicaine, commandement qu'il m'était impossible de refuser. »

Si Nelson eût assisté à l'interrogatoire, il eût pu appuyer cette assertion de Caracciolo ; car il n'y avait pas trois mois que Troubridge lui avait écrit, on se le rappelle :

« J'apprends que Caracciolo a l'honneur de monter la garde comme simple soldat. Hier, il a été vu faisant la sentinelle au palais. *Il avait refusé de prendre du service;* mais il paraît que les jacobins forcent tout le monde. »

On lui demanda alors pourquoi, puisqu'il avait servi forcément, il n'avait pas profité des occasions nombreuses qui lui avaient été offertes de fuir.

Il répondit que fuir était toujours fuir ; que peut-être avait-il été retenu par un faux point d'honneur, mais qu'enfin il avait été retenu. Si c'était un crime, il l'avouait.

L'interrogatoire se borna là. On voulait de Caracciolo un simple aveu : cet aveu, il l'avait fait, et, quoique fait avec beaucoup de calme et de dignité, bien que la manière dont avait répondu Caracciolo *lui eût*, dit le procès-verbal, *mérité la sympathie des officiers anglais parlant italien qui avaient assisté à la séance*, la séance fut close : le crime était prouvé.

Caracciolo fut reconduit à sa chambre et gardé de nouveau par deux sentinelles.

Quant au procès-verbal, il fut porté à Nelson par le comte de Thurn. Nelson le lut avidement ; une expression de joie féroce passa sur son visage. Il prit une plume et écrivit :

Au commodore comte de Thurn.

« De par Horace Nelson :

» Attendu que le conseil de guerre, composé d'officiers au service de Sa Majesté Sicilienne, a été réuni pour juger François Caracciolo sur le crime de rébellion envers son souverain;

» Attendu que ledit conseil de guerre a pleinement acquis la preuve de ce crime, et, par conséquent, dans cette conviction, rendu contre ledit Caracciolo un jugement qui a pour conséquence la peine de mort;

» Vous êtes, par la présente, requis et commandé de faire exécuter ladite sentence de mort contre ledit Caracciolo, par le moyen de la pendaison, à l'antenne de l'arbre de trinquette de la frégate *la Minerve*, appartenant à Sa Majesté Sicilienne, laquelle frégate se trouve sous vos ordres. Ladite sentence devra être exécutée aujourd'hui, à cinq heures après midi; et, après que le condamné sera resté pendu, depuis l'heure de cinq heures jusqu'au coucher du soleil, à ce moment la corde sera coupée et le cadavre jeté à la mer.

A bord du *Foudroyant*, Naples, 29 juin 1799.

» HORACE NELSON. »

Deux personnes étaient dans la cabine de Nelson au moment où il rendit cette sentence. Fidèle au serment qu'elle avait fait à la reine, Emma resta impassible et ne dit pas une parole en faveur du condamné. Sir William Hamilton, quoique médiocrement tendre à son égard, après avoir lu la sentence que venait d'écrire Nelson, ne put s'empêcher de lui dire :

— La miséricorde veut que l'on accorde vingt-quatre heures aux condamnés pour se préparer à la mort.

— Je n'ai point de miséricorde pour les traîtres, répondit Nelson.

— Alors, sinon la miséricorde, du moins la religion.

Mais, sans répondre à sir William, Nelson lui prit la sentence des mains, et, la tendant au comte de Thurn :

— Faites exécuter, dit-il.

LXXXII

L'EXÉCUTION

Nous l'avons dit et nous le répétons, dans ce funèbre récit, — qui imprime une si sombre tache à la mémoire d'un des plus grands hommes de guerre qui aient existé, — nous n'avons rien voulu donner à l'imagination, quoiqu'il soit possible que, par un artifice de l'art, nous ayons eu l'espoir d'arriver à produire sur nos lecteurs une plus profonde impression que par la simple lecture des pièces officielles. Mais c'était prendre une trop grave responsabilité, et, puisque nous en appelons d'office à la postérité du jugement de Nelson, puisque nous jugeons le juge, nous voulons que, tout au contraire du premier jugement, fruit de la colère et de la haine, l'appel ait tout le calme et toute la solennité d'une cause loyale et sûre de son succès.

Nous allons donc renoncer à ces auxiliaires qui nous ont si souvent prêté leur puissant concours, et nous en tenir à la relation anglaise, qui doit naturellement être favorable à Nelson et hostile à Caracciolo.

Nous copions.

Pendant ces heures solennelles qui s'écoulèrent entre le jugement et l'exécution de la sentence, Caracciolo fit deux fois appeler près de lui le lieutenant Parkenson et deux fois le pria d'aller intercéder pour lui près de Nelson.

La première, pour obtenir la révision de son jugement;

La seconde, pour qu'on lui fît la grâce d'être fusillé au lieu d'être pendu.

Et, en effet, Caracciolo s'attendait bien à la mort, mais à la mort par la hache ou par la fusillade.

Son titre de prince lui donnait droit à la mort de la noblesse; son titre d'amiral lui donnait droit à la mort du soldat.

Toutes deux lui échappaient pour faire place à la mort des assassins et des voleurs, à une mort infamante.

Non-seulement Nelson outre-passait ses pouvoirs en condamnant à mort son égal comme rang, son supérieur comme position sociale, mais encore il choisissait une mort qui devait, aux yeux de Caracciolo, doubler l'horreur du supplice.

Aussi, pour échapper à cette mort infâme, Caracciolo n'hésita-t-il point à descendre à la prière.

— Je suis un vieillard, monsieur, dit-il au lieutenant Parkenson; je ne laisse point de famille pour pleurer ma mort, et l'on ne supposera point qu'à mon âge, et isolé comme je suis, j'aie grand'peine à quitter la vie; mais la honte de mourir comme un pirate m'est insupportable, et, je l'avoue, me brise le cœur.

Pendant tout le temps que dura l'absence du jeune lieutenant, Caracciolo fut fort agité et parut fort inquiet.

Le jeune officier rentra : il était évident qu'il revenait avec un refus.

— Eh bien? demanda vivement Caracciolo.

— Voici, mot pour mot, les paroles de milord Nelson, dit le jeune homme : « Caracciolo a été impartialement jugé par les officiers de sa nation : ce n'est point à moi, qui suis étranger, d'intervenir pour faire grâce. »

Caracciolo sourit amèrement.

— Ainsi, dit-il, milord Nelson a eu le droit d'intervenir pour me faire condamner à être pendu, et il n'a pas le droit d'intervenir pour me faire fusiller, au lieu de me faire pendre!

Puis, se retournant vers le messager :

— Peut-être, mon jeune ami, lui dit-il, n'avez-vous point insisté près de milord comme vous eussiez dû le faire.

Parkenson avait les larmes aux yeux.

— J'ai tellement insisté, prince, dit-il, que milord Nelson m'a renvoyé avec un geste de menace en me disant : « Lieutenant, si j'ai un conseil à vous donner, c'est de vous mêler de votre affaire. » Mais n'importe, continua-t-il, si Votre Excellence a quelque autre mission à me donner, dût-elle me faire tomber en disgrâce, je l'accomplirai de grand cœur.

Caracciolo sourit en voyant les larmes du jeune homme, et, lui tendant la main :

— Je me suis adressé à vous, lui dit-il, parce que vous êtes le plus jeune officier, et qu'à votre âge, il est rare que l'on ait le cœur mauvais. Eh bien, un conseil : croyez-vous qu'en m'adressant à lady Hamilton, elle obtienne quelque chose pour moi de milord Nelson?

— Elle a une grande influence sur milord, dit le jeune homme; essayons.

— Eh bien, allez; suppliez-la. J'ai peut-être, dans un temps plus heureux, eu des torts envers elle; qu'elle les oublie, et, en commandant le feu que l'on dirigera contre moi, je la bénirai.

Parkenson sortit, alla sur le tillac, et, voyant

qu'elle n'y était point, essaya de pénétrer chez elle; mais, malgré ses prières, la porte demeura fermée.

A cette réponse, Caracciolo vit qu'il lui fallait perdre tout espoir, et, ne voulant point abaisser plus bas sa dignité, il serra la main du jeune officier et résolut de ne plus prononcer une seule parole.

A une heure, deux matelots entrèrent chez lui, en même temps que le comte de Thurn lui annonçait qu'il fallait quitter *le Foudroyant* et passer à bord de *la Minerve*.

Caracciolo tendit les mains.

— C'est derrière et non pas devant que les mains doivent être liées, dit le comte de Thurn.

Caracciolo passa ses mains derrière lui.

On laissa un long bout pendant dont un matelot anglais tint l'extrémité. Sans doute craignait-on, si on lui laissait les mains libres, qu'il ne s'élançât à la mer et n'échappât au supplice par le suicide. Grâce à la corde et à la précaution prise d'en mettre l'extrémité aux mains d'un matelot, cette crainte ne pouvait se réaliser.

Ce fut donc lié et garrotté comme le dernier des criminels, que Caracciolo, un amiral, un prince, un des hommes les plus éminents de Naples, quitta le pont du *Foudroyant*, qu'il traversa tout entier entre deux haies de matelots.

Mais, quand l'outrage est poussé jusque là, il retombe sur celui qui le fait, et non pas sur celui qui le subit.

Deux barques, armées en guerre, accompagnaient à bâbord et à tribord la barque que montait Caracciolo.

On aborda à *la Minerve*. En revoyant de près ce beau bâtiment, sur lequel il avait régné et qui lui avait obéi avec tant de soumission pendant la traversée de Naples à Palerme, Caracciolo poussa un soupir et deux larmes perlèrent au coin de ses yeux.

Il monta par l'escalier de bâbord, c'est-à-dire par l'escalier des inférieurs.

Les officiers et les soldats étaient rangés sur le pont.

La cloche piquait une heure et demie.

Le chapelain attendait.

On demanda à Caracciolo s'il désirait employer le temps qui lui restait à une sainte conférence avec le prêtre.

— Est-ce toujours don Severo qui est chapelain de *la Minerve?* demanda-t-il.

— Oui, Excellence, lui répondit-on.

— En ce cas, conduisez-moi à lui.

On conduisit le condamné à la cabine du prêtre.

Le digne homme avait dressé à la hâte un petit autel.

— J'ai pensé, dit-il à Caracciolo, qu'à cette heure suprême, vous auriez peut-être le désir de communier.

— Je ne crois pas mes péchés assez grands pour qu'ils ne puissent être lavés que par la communion; mais, fussent-ils plus grands encore, la manière infâme dont je vais finir me paraîtrait suffisante à leur expiation.

— Refuserez-vous de recevoir le corps sacré de Notre-Seigneur? demanda le prêtre.

— Non, Dieu m'en garde! répondit Caracciolo en s'agenouillant.

Le prêtre dit les paroles saintes qui consacrent l'hostie, et Caracciolo reçut pieusement le corps de Notre-Seigneur.

— Vous aviez raison, mon père, dit-il; je me sens plus fort et surtout plus résigné qu'auparavant.

La cloche piqua successivement deux heures, trois heures, quatre heures, cinq heures.

La porte s'ouvrit.

Caracciolo embrassa le prêtre, et, sans dire une parole, suivit le piquet qui venait le chercher.

En arrivant sur le pont, il vit un matelot qui pleurait.

— Pourquoi pleures-tu? lui demanda Caracciolo.

Celui-ci, sans répondre, mais en sanglotant, lui montra la corde qu'il tenait entre ses mains.

— Comme nul ne sait que je vais mourir, dit Caracciolo, nul ne me pleure que toi, mon vieux compagnon d'armes. Embrasse-moi donc au nom de ma famille et de mes amis.

Puis, se tournant du côté du *Foudroyant,* il vit sur la dunette un groupe de trois personnes qui regardaient.

L'une d'elles tenait une longue-vue.

— Écartez-vous donc un peu, mes amis, dit Caracciolo aux marins qui faisaient la haie; vous empêchez milord Nelson de voir.

Les marins s'écartèrent.

La corde avait été jetée par-dessus la vergue de misaine; elle pendait au-dessus de la tête de Caracciolo.

Le comte de Thurn fit un signe.

Le nœud coulant fut passé au cou de l'amiral, et douze hommes, tirant le câble, enlevèrent le corps à une dizaine de pieds de hauteur.

En même temps, une détonation se fit entendre, et la fumée d'un coup de canon monta dans les agrès du bâtiment.

Les ordres de milord Nelson étaient exécutés.

Mais, quoique l'amiral anglais n'eût pas perdu le moindre détail du supplice, aussitôt ce coup de canon tiré, le comte de Thurn rentra dans sa cabine et écrivit :

« Avis est donné à Son Excellence l'amiral lord Nelson que la sentence rendue contre François Caracciolo a été exécutée de la manière qui avait été ordonnée.

» A bord de la frégate de Sa Majesté Sicilienne *la Minerve*, le 29 juin 1799.

» Comte de THURN. »

Une barque fut mise immédiatement à la mer pour porter cet avis à Nelson.

Nelson n'avait pas besoin de cet avis pour savoir que Caracciolo était mort. Comme nous l'avons dit, il n'avait pas perdu un détail de l'exécution, et, d'ailleurs, en tournant ses regards vers *la Minerve*, il pouvait voir le cadavre se balançant au-dessous de la vergue et flottant dans l'espace.

Aussi, avant que la chaloupe eût atteint le bâtiment, avait-il déjà écrit à Acton la lettre suivante :

« Monsieur, je n'ai point le temps d'envoyer à Votre Excellence le procès fait à ce misérable Caracciolo ; je puis seulement vous dire qu'il a été jugé ce matin et qu'il s'est soumis à la juste sentence prononcée contre lui.

» J'envoie à Votre Excellence mon approbation telle que je l'ai donnée :

« J'approuve la sentence de mort prononcée
» contre François Caracciolo, laquelle sera exécutée
» aujourd'hui, à bord de la frégate *la Minerve*, à
» cinq heures. »

» J'ai l'honneur, etc.

» HORACE NELSON. »

Le même jour, et par le même courrier, sir William Hamilton écrivait la lettre suivante, qui prouve avec quel acharnement Nelson avait suivi, à l'égard de l'amiral napolitain, les instructions du roi et de la reine :

A bord du *Foudroyant*, 29 juin 1799.

« Mon cher monsieur,

» J'ai à peine le temps d'ajouter à la lettre de milord Nelson, que Caracciolo a été condamné par la majorité de la cour martiale, et que milord Nelson a ordonné que l'exécution de la sentence aurait lieu aujourd'hui, à cinq heures de l'après-midi, à la vergue de *la Minerve*, et que le corps serait ensuite jeté à la mer. Thurn a fait observer qu'il était d'habitude, en pareille circonstance, d'accorder vingt-quatre heures au condamné pour pourvoir au salut de son âme ; mais les ordres de milord Nelson ont été maintenus, quoique j'aie appuyé l'opinion de Thurn.

» Les autres coupables sont demeurés à la disposition de Sa Majesté Sicilienne à bord des tartanes, enveloppées par toute notre flotte.

» Tout ce que fait lord Nelson est dicté par sa conscience et son honneur, et je crois que, plus tard, ses dispositions seront reconnues comme les plus sages que l'on ait pu prendre. Mais, en attendant, pour l'amour de Dieu, faites que le roi vienne à bord du *Foudroyant* et qu'il y arbore son étendard royal.

» Demain, nous attaquerons Saint-Elme : le dé est jeté. Dieu favorisera la bonne cause ! c'est à nous de ne point démentir notre fermeté et de persévérer jusqu'au bout.

» W. Hamilton. »

On voit que, malgré sa conviction que les décisions de Nelson sont les meilleures que l'on puisse prendre, sir William Hamilton et ceux dont il est l'interprète appellent avec une espèce de frénésie le roi sur *le Foudroyant.* Il leur tarde que la présence royale consacre l'horrible drame qui vient d'y être représenté.

Cette sentence et son exécution, sont ainsi consignées sur le livre de bord de Nelson, où nous les copions littéralement. On verra qu'ils n'y tiennent point grande place :

« Samedi 29 juin, le temps étant tranquille mais nuageux, est arrivé le vaisseau de Sa Majesté *le Rainha* et le brick *Balloone*. UNE COUR MARTIALE A ÉTÉ RÉUNIE, A JUGÉ, CONDAMNÉ ET PENDU FRANÇOIS CARACCIOLO A BORD DE LA FRÉGATE NAPOLITAINE *la Minerve.* »

Et, moyennant ces trois lignes, le roi Ferdinand fut rassuré, la reine Caroline satisfaite, Emma Lyonna maudite, et Nelson déshonoré !

FIN DU TOME QUATRIÈME

TABLE

LXIV.	— La journée du 13 juin.	1
LXV.	— Ce qu'allait faire le beccaio via dei Sospiri-dell'Abisso.	35
LXVI.	— La nuit du 13 au 14 juin.	65
LXVII.	— La journée du 14 juin.	82
LXVIII.	— La nuit du 14 au 15 juin.	106
LXIX.	— Chute de saint Janvier. — Triomphe de saint Antoine.	118
LXX.	— Le messager.	131
LXXI.	— Le dernier combat.	146
LXXII.	— Le repas libre.	154
LXXIII.	— La capitulation.	166
LXXIV.	— Les élus de la vengeance.	179
LXXV.	— La flotte anglaise.	193
LXXVI.	— La Némésis lesbienne.	207
LXXVII.	— Où le cardinal fait ce qu'il peut pour sauver les patriotes, et où les patriotes font ce qu'ıl peuvent pour se perdre.	234
LXXVIII.	— Où Ruffo fait son devoir d'honnête homme, et sir William Hamilton son devoir de diplomate.	245
LXXIX.	— La foi punique.	268
LXXX.	— Deux honnêtes compagnons.	276
LXXXI.	— De par Horace Nelson.	286
LXXXII.	— L'exécution.	302

Poissy. — Typ. S. Lejay et Cie.

www.ingramcontent.com/pod-product-compliance
Lightning Source LLC
Chambersburg PA
CBHW071335150426
43191CB00007B/742